Österreichs Schulen am Scheideweg?
Zentrale Abschlussprüfungen – Autonome Schulen – Fairer Wettbewerb

Kurt Riedl

Österreichs Schulen am Scheideweg?

Zentrale Abschlussprüfungen – Autonome Schulen – Fairer Wettbewerb

Bibliografische Information der Deutschen Nationalbibliothek:
Die Deutsche Nationalbibliothek verzeichnet diese Publikation
in der Deutschen Nationalbibliografie; detaillierte bibliografische
Daten sind im Internet über http://dnb.d-nb.de abrufbar.

© 2015 Kurt Riedl

Coverfoto: Mag. Herbert Podlipnik
Satz, Umschlaggestaltung, Herstellung und Verlag:
BoD – Books on Demand

ISBN: 978-3-7386-6811-7

Inhaltsverzeichnis

Vorwort 7

Kapitel I:
Bildungspolitik einst und jetzt 9
Teil 1: Blick zurück – aber nicht im Zorn 9
Teil 2: Aktuelle Herausforderungen 12
Teil 3: Die Schule als ein Spiegel der Gesellschaft 18

Kapitel II:
Schulen in Österreich 22
Teil 1: Differenziertes Angebot 22
Teil 2: Gesamtschule – das ewige Thema? 24
Teil 3: Gute Schulen – wonach sind diese zu beurteilen? . . . 33
Teil 4: Die beste Schule für mein Kind 35

Kapitel III:
Österreichs Bildungssystem
zwischen Revolution und Evolution 39
Teil 1: Maßnahmen für eine der heutigen Gesellschaft
        adäquate konsensfähige Bildungsreform 40
Teil 2: Leistung fördern, aber auch einfordern! 42
Teil 3: Wichtige aktuelle Reformschritte 45

Kapitel IV:
Lehrer – Beruf oder Berufung? 50

Kapitel V:
Lehrer gestern und heute 65

Kapitel VI:
Primärer sozialer Effekt versus sekundärer sozialer Effekt . 73
Teil 1: Wovon hängt das Leistungspotenzial
eines Kindes ab? 73
Teil 2: Auswirkungen der sozialen und wirtschaftlichen
Unterschiede (sekundärer sozialer Effekt versus
primärer sozialer Effekt) 75

Kapitel VII:
Unterrichtsqualität – Prüfen – Beurteilen 80
Teil 1: Feindbild Lehrer, Feindbild Streber 80
Teil 2: Guter Unterricht – wie ist der? 81
Teil 3: IMST – Innovationen Machen Schulen Top! 87
Teil 4: Sensibler Einsatz von Noten – die Sachlage 90
Teil 5: Bessere Noten durch externen Nachhilfemarkt
oder interne schulische Förderung 97

Kapitel VIII:
Digitalisierung – Tafel oder Tablet wischen? 99

Kapitel IX:
Internationale Vergleichbarkeit 108
Teil 1: Wie andere Länder mit großflächigen Tests
und ihren Ergebnissen umgehen 109
Teil 2: Reaktionen auf PISA 114
Teil 3: Bildungsstandards in Österreich 117

Kapitel X:
Schulqualität und deren Evaluation 125

Vorwort

Das Spektrum der Meinungen zum Thema Schule und Bildung in der Politik, in den Medien, von engagierten Einzelpersonen oder Bildungsreforminitiativen ist breit gefächert. Die Vorwürfe lauten, Bildung werde nur mehr vermarktet, die Bologna-Ideologie mache aus universitären Studien ECTS[1], also reglementierte Berufsausbildungslehrgänge, die den Fachhochschullehrgängen ähneln, obgleich doch die erste Aufgabe der Wissenschaften an einer Universität die Gewinnung von Erkenntnissen sei – ganz unabhängig davon, wozu sich diese gebrauchen oder wie sich diese verwerten ließen.

Außerdem würden PISA und andere internationale Leistungsstandmessungen eigentlich das Falsche messen und viele Schwächen in Konstruktion, Durchführung oder Auswertung aufweisen. Trotz dieser Schwachstellen würden sie aber besonders in Österreich den Takt für nationale Bildungspolitik vorgeben, was zu mehr Schaden als Nutzen für alle Beteiligten führe. Es brauche radikale Reformen, denn im derzeitigen System blieben viel zu viele Talente in der Schule auf der Strecke. Frontalunterricht müsse endlich offenem Lernen, Projektarbeit und Teamteaching weichen und traditionelle Fächer müssten zugunsten von Fächerbündeln ersetzt werden.

Hier drängt sich die Frage auf: Was ist Bildung eigentlich? Ist sie in erster Linie kompetenzorientiert zu sehen, soll der Erwerb von und die Auseinandersetzung mit Wissen – in einer Zeit, in der

---

[1] Das European Credit Transfer and Accumulation System (ECTS) soll sicherstellen, dass die Leistungen von Studenten an Hochschulen des Europäischen Hochschulraumes vergleichbar und bei einem Wechsel von einer Hochschule zur anderen auch grenzüberschreitend anrechenbar sind.

dieses jederzeit „klickbar" geworden ist – überhaupt noch Priorität haben? Welche Inhalte verbinden wir mit Bildung? Antworten auf all diese Fragen sowie eine Analyse geplanter oder bereits erfolgter schulpolitischer Reformschritte finden Sie in diesem Buch, geschrieben von einem Schulpraktiker mit Erfahrungen im Pflichtschulbereich, der Sekundarstufe I und II sowie im tertiären Bildungsbereich.[2]

---

[2] Zur Verbesserung der Lesbarkeit des Buches wurde darauf verzichtet, neben der männlichen Form auch die weibliche Form anzuführen, die gedanklich natürlich immer mit einzubeziehen ist.

Kapitel I:

Bildungspolitik einst und jetzt

Teil 1: **Blick zurück – aber nicht im Zorn**

Obwohl es manche Eltern in Verzweiflung stürzte, wenn ihre Kinder die Rolling Stones oder andere Popmusik hörten und nebenher die Schule Schule sein ließen, musste sich in den 1960er Jahren noch niemand mit PISA-Studien herumschlagen. Und es gab noch keine Massenarbeitslosigkeit unter jungen Leuten ohne Schulabschluss. Früher konnte man in aller Ruhe die Schule ohne Abschluss verlassen, eine Berufsausbildung abbrechen, man hat trotzdem Arbeit gefunden. Unter den damaligen Schulabbrechern finden sich viele, später erfolgreiche Geschäftsleute, die die in ihnen schlummernden, aber von der Schule nicht entdeckten oder geförderten Talente selbst zur Entfaltung brachten und dem versäumten Schulabschluss nur gelegentlich ein paar Tränen nachweinten. Die 1960er Jahre waren also auf den ersten Blick für junge Leute eine gute Zeit – ohne den Druck, den die Globalisierung heute auf den Arbeitsmarkt ausübt. Doch auf den zweiten Blick zeigt sich ein anderes Bild. Zur gleichen Zeit, als noch die Rolling Stones oder die Beatles die Hitlisten bestückten, gab es schon warnende Stimmen. Das Schlagwort von der „Bildungskatastrophe" hielt sich viele Jahre in der politischen Debatte, auch von einem „Bildungsnotstand" war oft die Rede. Pädagogen und Politiker meinten zwar Unterschiedliches, wenn sie ab Mitte der 1960er Jahre von Bildungsnotstand oder Bildungskatastrophe sprachen, doch in einem waren sie sich einig: dass die Chancen von Kindern, eine qualifizierte Ausbildung zu erhalten, ausgesprochen ungleich verteilt seien. Denn die Kosten, die ein Studium mit sich brachte, konnten viele Arbeiterhaushalte nicht aufbringen. Außerdem hatten Arbeiterkinder üblicherweise schlechteren Zugang zu Büchern oder Nachhilfeunterricht. Die Diagnose einer Bildungskatastrophe sorgte aber nicht nur für Depression in der politischen Debatte. Im Gegenteil: Es kam bald eine Aufbruchsstimmung auf, die etliche Jahre anhielt und die es seitdem in dieser Form nicht wieder gegeben hat. „Bildung für alle", lautete das Ziel. Frei, so hieß es, könne ein Land weder werden noch bleiben, wenn es seinen Menschen die Chancen verschließe, die Schulen und Hochschulen bieten. Der Aufruf zur Revolution ging in den Jahren 1967 und 1968 vor allem von den Studenten aus. Junge Leute in der ganzen westlichen Welt gingen auf die Straße und besetzten Schulen und Hörsäle. Aber es waren nicht nur die Studenten, die mit alten Traditionen brechen wollten – sondern auch etablierte Bildungspolitiker.

Im Zuge der sogenannten Bildungsexpansion stieg die Zahl der jungen Leute, die einen höheren Schulabschluss erzielten, deutlich an. Von Mitte der 1950er Jahre bis Mitte der 1980er Jahre erhöhte sich der Anteil der Gymnasiasten unter den Schülern stark. Auch wurden neben dem Gymnasium zahlreiche weitere Wege zur Hochschulreife eröffnet, die berufsbildenden mittleren und höheren Schulen (BMHS) und die Oberstufengymnasien schrieben eine durch Absolventenzahlen bestätigte Erfolgsgeschichte in der österreichischen Bildungspolitik und stellen inzwischen einen größeren Teil der Maturanten als die traditionelle Langform der allgemeinbildenden höheren Schule (AHS). Gleichzeitig gründeten viele Bundesländer neue höhere Schulen und Fachhochschulen im ländlichen Raum, unabhängig davon, welche Partei die Landesregierung stellte. Durch das lokale Angebot an neuen Schulen wurde der Nachteil von Landkindern gegenüber Stadtkindern weitgehend wettgemacht. Am beeindruckendsten war, dass sich die einstmals wesentlich schlechteren Bildungschancen junger Frauen verbesserten: Es gibt heute mehr Maturantinnen als Maturanten und Frauen haben die Männer inzwischen auch bei den ersten Abschlüssen an Hochschulen zahlenmäßig überflügelt. Die ideologischen Grabenkämpfe in der Bildungspolitik sind zwar immer noch da, die Gratwanderung zwischen „sozialem Lernen" und „Inhaltslernen" ist immer noch spürbar, aber der Begriff „Leistung" und dessen weitgehend nachvollziehbare Messung ist seit PISA allgemein akzeptiert. Studien über die Qualität der verschiedenen Schultypen haben gezeigt, dass Debatten über Schulformen die Bildungspolitik in Österreich nicht weiterbringen. Es gibt gute und schlechte Gymnasien und es gibt gute und schlechte Gesamtschulen. Und nicht die Systeme machen gute Schulen, sondern die einzelnen Schulen sind gut oder schlecht.

Jenseits allgemeiner Ziele gibt es aber weiterhin Konflikte hinsichtlich der Frage, ob Österreich sich stärker in Richtung Gesamtschule orientieren soll oder ob das dreigliedrige Schulsystem für das dritte Jahrtausend taugt. Denn dieses dreigliedrige Schulsystem (Volksschule – Hauptschule – Gymnasium) könnte zum Auslaufmodell werden.

Abgelöst werden soll es nicht von einer Einheitsschule, sondern von einem zweigliedrigen System. Ein Schulzweig bietet dann ein breites Angebot für alle Schüler, wobei diese verschiedene Abschlüsse auf unterschiedlichen Niveaus machen können, die dann unterschiedliche Bildungswege eröffnen. Die **Neue Mittelschule** könnte sich zu einer solchen Form entwickeln.

Daneben werde es als zweiten Zweig weiterhin Gymnasien geben, die einen zügigen Weg zum Abitur anbieten, so glauben viele Experten.

Die öffentlichen Schulen bekommen außerdem immer schärfere Konkurrenz von privaten Einrichtungen. Die Zahl der Privatschüler steigt, Privatschulen werden immer beliebter, weil die staatlichen Schulen von der Leistungssituation her nicht mehr so exzellent sind, wie sie einmal waren, auch die Gymnasien nicht, sondern auch, weil eine USP (Unique Selling Proposition) – also ein Unterscheidungsmerkmal schlechthin – bei einem öffentlichen Gymnasium nicht mehr gegeben ist. Also schauen sich die Eltern, die für ihre Kinder etwas Besonderes suchen, unter den Privatschulen um, die es gibt.

Wenn noch einmal 40 Jahre unter dem Motto „Bildung für alle" ins Land gegangen sein werden, um das Jahr 2050 herum, könnte man vielleicht folgendes Bild der österreichischen oder deutschen Bildungslandschaft erwarten: Weit über ein Drittel der Jugendlichen strebt aufs Gymnasium, die anderen versuchen in einer fusionierten Haupt- und Realschule in Deutschland oder in der Neuen Mittelschule in Österreich, in Oberstufengymnasien oder BHS auf verschiedenen Wegen einen möglichst hohen Abschluss zu erzielen.

Teil 2: **Aktuelle Herausforderungen**

Das Schulsystem eines Landes muss sich den Herausforderungen und Veränderungen der Gesellschaft stellen und sich adäquat entwickeln. Die in Deutschland im Rahmen eines Bildungsmonitorings[3] untersuchten Handlungsfelder sollten auch für das Bildungswesen in Österreich gelten. Sachsen, Thüringen, Bayern und Baden-Württemberg bilden in Deutschland danach das Spitzenquartett.

---

[3] www.insm-bildungsmonitor.de.

Die zwölf im Bildungsmonitor 2014 untersuchten Handlungsfelder sind:

1. Ausgabenpriorisierung
Das Handlungsfeld Ausgabenpriorisierung beschreibt, welcher Stellenwert der Bildung im Ausgabeverhalten der öffentlichen Haushalte eingeräumt wird.

Indikatoren zur Ausgabenpriorisierung: Bildungsausgaben pro Schüler (Grundschule bis Hochschule) in Relation zu den Gesamtausgaben öffentlicher Haushalte pro Einwohner.

2. Inputeffizienz
Das Handlungsfeld Inputeffizienz beschreibt, wofür die Ressourcen verwendet werden.

Indikatoren zur Inputeffizienz: Investitionsquote (alle Schulen) – Gini-Koeffizient[4] der Lehreraltersstruktur (alle Schulen) – Verhältnis von Sachausgaben zu Personalausgaben (alle Schulen).

3. Betreuungsbedingungen
Das Handlungsfeld Betreuungsbedingungen gibt an, wie gut die Betreuungsbedingungen in den Bildungseinrichtungen sind.

Indikatoren zu den Betreuungsbedingungen: Schüler-Lehrer-Relation.

4. Förderinfrastruktur
Das Handlungsfeld Förderinfrastruktur stellt dar, in welchem Umfang die Infrastruktur, insbesondere im frühkindlichen Bereich, eine individuelle Förderung ermöglicht.

---

[4] http://de.wikipedia.org/wiki/Gini-Koeffizient.

Kap. I: Bildungspolitik einst und jetzt

Indikatoren zur Förderinfrastruktur: Anteil der Grundschüler an Ganztagsschulen an allen Grundschülern, Anteil der Schüler an Ganztagsschulen im Sekundarbereich an allen Schülern, Anteil der ganztags betreuten Kinder (drei bis sechs Jahre), Akademisierungsgrad des Personals in Kindergärten, Kindertagesstätten/Kitas, Anteil der Ungelernten am Personal in Kindergärten/Kitas.

5. Internationalisierung

Das Handlungsfeld Internationalisierung beschreibt, wie gut das Bildungssystem auf die Herausforderungen einer international integrierten Wirtschaft und Gesellschaft ausgerichtet ist.

Indikatoren zur Internationalisierung: Anteil der Schüler mit Fremdsprachenunterricht, durchschnittliche Kompetenz Englisch Lesen, durchschnittliche Kompetenz Englisch Hören.

6. Zeiteffizienz

Das Handlungsfeld Zeiteffizienz beschreibt, in welchem Umfang Zeit als wichtige Ressource durch ineffiziente und ineffektive Prozesse im Bildungssystem verloren geht.

Indikatoren zur Zeiteffizienz: Wiederholerquote, Anteil der vorzeitig gelösten Ausbildungsverträge, Anteil der verspätet eingeschulten Kinder, Anteil der Studienanfänger in Bachelorstudiengängen, Durchschnittsalter der Erstabsolventen.

7. Schulqualität

Das Handlungsfeld Schulqualität beschreibt, inwieweit das Bildungssystem ein hohes Niveau an Kompetenzen vermittelt.

Indikatoren zur Schulqualität: Durchschnittliche Kompetenz Deutsch Lesen und Hören, Mathematik und Naturwissenschaften an allen Schultypen.

8. Bildungsarmut
Das Handlungsfeld Bildungsarmut untersucht, ob das Bildungssystem das Entstehen von Bildungsarmut verhindert, d.h., ob Jugendliche am Ende ihrer Schullaufbahn die erforderliche Ausbildungs- und Studienreife aufweisen.

Indikatoren zur Bildungsarmut: Größe der Risikogruppe in den Bereichen Deutsch Lesen und Hören, Mathematik und Naturwissenschaften (Abbrecherquoten).

9. Integration
Das Handlungsfeld Integration beschreibt, in welchem Umfang es dem Bildungswesen gelingt, die Verknüpfung des Bildungsstands im Elternhaus mit den Bildungsergebnissen der Kinder zu lösen.

Indikatoren zur Integration: Anteil der ausländischen Schulabgänger ohne Abschluss, Studienberechtigungsquote von ausländischen Jugendlichen an allgemeinbildenden Schulen, Studienberechtigungsquote von ausländischen Jugendlichen an beruflichen Schulen.

10. Berufliche Bildung und Arbeitsmarktorientierung
Das Handlungsfeld berufliche Bildung und Arbeitsmarktorientierung beschreibt, welche Wege sich im beruflichen Bildungssystem erschließen.

Indikatoren zur beruflichen Bildung und Arbeitsmarktorientierung: Anteil der erfolgreichen Abschlussprüfungen, Ausbildungsstellenangebot, Quote unversorgter Bewerber.

11. Hochschule/MINT

Das Handlungsfeld Hochschule/MINT (= Mathematik, Informatik, Naturwissenschaft und Technik) beschreibt, welchen Beitrag das Bildungssystem zur Sicherung der akademischen Basis in der Bevölkerung mit einem Fokus auf die MINT-Fächer leistet.

Indikatoren zur Akademisierung: Anteil der Hochschulabsolventen an akademischer Bevölkerung im Alter zwischen 15 und 65 Jahren, Anteil der Hochschulabsolventen an der Bevölkerung zwischen 25 und 40 Jahren.

12. Forschungsorientierung

Das Handlungsfeld Forschungsorientierung beschreibt, welche Bedeutung die Hochschulen im Rahmen des regionalen Forschungsverbunds sowie für die Ausbildung des Forschungsnachwuchses haben.

Indikatoren zur Forschungsorientierung: Forschung und Entwicklung, Ausgaben pro Forscher an Hochschulen, Relation der Forscher an Hochschulen zum BIP eines Landes.

Für **Österreich** wird die geplante Bildungsreform auf der Homepage des Ministeriums für Bildung und Frauen unter dem Titel „Die Bildungsreform für Österreich – Das Gesamtkonzept in der Umsetzung (Stand: Jänner 2013)" wie folgt beschrieben:

Seite 7 des Gesamtkonzepts:

DIE NEUE SCHULE. FÜR UNSERE KINDER. FÜR UNSERE ZUKUNFT[5]

Talente fördern, Interesse wecken, Qualität sichern, die Schüler im Mittelpunkt
Neue Mittelschule | Ganztägige Schulangebote ausbauen | Projekt „25+" (kleinere Klassen und Individualisierung) | Bildungsstandards 4. und 8. Schulstufe | Neue Matura AHS mit SGA-Beschluss 2013/14, verpflichtend ab 2014/15 | Neue Matura BHS mit SGA-Beschluss 2014/15, verpflichtend ab 2015/16 | Oberstufe neu | Lehre mit Matura | Sprachkompetenz Deutsch | Zusammenleben fördern (interkultureller Dialog – Weiße Feder, gegen Gewalt) | Kleingruppen 9. Schulstufe | Bildungsplan im Kindergarten | Pilotprojekte Schulsozialarbeit | Kunst macht Schule etc. ...

Lehrer – ein Beruf mit Zukunft
Großer Bedarf an Lehrpersonen | Lehrerbildung NEU | Auswahlverfahren | Gemeinsame Ausbildung | Durchlässigkeit | Karriereperspektiven | Berufsbegleitende Angebote | Dienst- und Besoldungsrecht NEU | Attraktive Einstiegsgehälter | Mehr Zeit bei den Kindern bei angemessener Entlohnung | Zeit für Schulentwicklung | Managementfunktionen verankern | Ausstiegsszenarien | Aufstiegsmöglichkeiten

Mehr Geld ins Klassenzimmer
Mehr Budget für Bildung | Schulinvestitionsprogramm umsetzen und Ganztagesbetreuung ausbauen | Straffer Behördenaufbau | Leistungs- und Leitungsverantwortung am Schulstandort stärken | Einheitliches Lehrerdienstrecht (österreichweit) | Schulaufsicht NEU im Sinne der Qualitätssicherung | Aufgabenreform

---

[5] https://www.bmbf.gv.at/schulen/sb/bildungsreform.html.

des Ministeriums | Mehr standortbezogene Lehrerfortbildung | Controlling im Lehrereinsatz verbessern

Die Formulierungen zeigen, dass die im Bildungsmonitor 2014 für Deutschland untersuchten Handlungsfelder den gesamten Bildungsbereich umfassen und messbare Indikatoren inkludieren, mit Hilfe derer der Umsetzungsgrad der bildungspolitischen Maßnahmen sichtbar wird. Die österreichische Kurzfassung der Bildungsreform beschränkt sich hingegen auf stichwortartige Aussagen, die auf wenig Konkretes Bezug nehmen.

Resümierend kann gesagt werden: In Österreich wird von den Bildungspolitikern seit Jahren nur geredet, was Schüler und Lehrer eher demotiviert und verunsichert als erwartungsfroh stimmt. Wenn schließlich etwas konkretisiert wird, dann ist es schlecht vorbereitet und wird unprofessionell umgesetzt (z.B. die Zentralmatura mit Beurteilungspannen, Terminverschiebungen, fachlich angreifbaren Aufgabenstellungen oder das neue Lehrerdienstrecht mit fachlichen Schmalspurqualifikationen für den Unterricht in der Sekundarstufe).

Teil 3: Die Schule als ein Spiegel der Gesellschaft

Der Stellenwert der Schule in der Gesellschaft wird unterschiedlich gesehen. Viele meinen, man dürfe Schule erst dann positiv bewerten, wenn sie lebensnah ausbildet, wenn in jeder Faser des Unterrichts die Brauchbarkeit des Lehrstoffs im Vordergrund steht, dem Satz „Non scholae, sed vitae discimus" folgend. Dem Wortsinn nach stellt Schule einen Reingewinn für das Leben dar.[6]

---

[6] Rudolf Taschner: „Lob der weltfernen Schule", in: Die Presse, 30.10.08. Taschner ist Mathematiker und Betreiber des math.space im Wiener Museumsquartier.

Das griechische Wort „scholé" bedeutet Muße, Freiheit von Arbeit und Plage, mit denen die Menschen dauernd konfrontiert sind. Muße ist, was einer Person nach eigenem Wunsch zum Nutzen zur Verfügung steht, woran man sich erbaut, wodurch man zu sich selbst gelangt, ein Weg - den nur Kurzsichtige einen Umweg nennen -, über den man zum Leben kommt, sich selbst verwirklichen kann.

Mag sein, dass die raue Wirklichkeit der Schullandschaft fast nichts von diesem Ideal erahnen lässt. Aber es wäre fatal, es deshalb völlig fallen zu lassen und Schule auf das praktische Eintrainieren von Fertigkeiten zu beschränken, die ein Bestehen in der Sozial- und Arbeitswelt zu sichern scheinen. Obwohl Ausbildung immer die Beschäftigungsfähigkeit vor Augen hat - sonst wäre sie keine Ausbildung -, muss sie immer auch für Bildung offen sein. Eine Ausbildung durchlaufen wir, um etwas zu können. Doch eine Absolutsetzung der Beschäftigungsfähigkeit im Sinne einer Ausgrenzung von Bildung ist nicht möglich, wenn die Förderung von Verantwortungsbewusstsein und die damit einhergehende persönliche Willensbildung ernst genommen werden.

Bildung ist eine Frage der persönlichen Einstellung, Bildung hilft Menschen, etwas oder vielleicht **jemand** zu werden. Gemäß dem humanistischen Bildungsauftrag der Universität hat oder hätte die ALMA MATER als höchste Bildungsinstitution Erkenntnis bzw. Wissen durch Forschung anzustreben und diese dann durch Lehre zu vermitteln, ganz unabhängig davon, wozu sich diese Erkenntnis brauchen oder verwerten lässt. Wenn Unis heute die gesellschaftlichen Erwartungen nicht erfüllen, entsprechen sie nicht den Bedürfnissen der diversen Märkte und laufen Gefahr, im elfenbeinernen Turm zu landen.

Pluralismus in der Bildung – nichts in der Schule ist so alt wie der Ruf nach Neuerungen.

Daher sind Bildungsreformen ein Lieblingsthema jeder Schulpolitik. Deutschland, Frankreich, Italien, die Schweiz und auch Österreich haben Reformpädagogen hervorgebracht, wie zum Beispiel:

Friedrich Wilhelm August Fröbel (1782-1852), der den „Kindergarten" quasi erfunden hat.

Rudolf Steiner (1861-1925), dessen erste Gesamtschule, die Waldorfschule, das mit dem vertikalen Schulsystem verbundene Prinzip der Auslese durch eine Pädagogik der Förderung ersetzt.

Célestin Freinet (1899-1966), dessen Pädagogik die Kinder weitgehend selbst bestimmen lässt, was sie lernen wollen und welche Zeit sie dazu brauchen.

Maria Montessori (1870-1952), deren pädagogischer Grundgedanke sich am besten in der Schüleräußerung „Hilf mir, es selbst zu tun" zusammenfassen lässt.

Otto Glöckel (1874-1935), ein früher Verfechter der Gesamtschule und Gegner von Bildungsprivilegien sowie Kämpfer gegen die kirchliche Vormachtstellung in den öffentlichen Schulen.

Johann Heinrich Pestalozzi (1746-1827), dessen pädagogisches Prinzip „Hirn, Herz und Hand" die Förderung der intellektuellen, sittlich-religiösen und handwerklichen Kräfte der Kinder beinhaltet.

All diese Pädagogikmodelle haben eines gemeinsam:
Die ganzheitlichen und sozialen Anteile des Lernprozesses sind ihnen wichtiger als seine rein kognitiven, inhaltlich konkret nachvollziehbaren Aspekte. Fachliche Leistungen werden bewusst individualisiert und sozialisiert, damit sie sich einer objektiv nachvollziehbaren Messung entziehen, die sich nachteilig für das Selbstbewusstsein von in einzelnen fachlichen Bereichen Schwächeren auswirken könnte.

So wie die Natur dem Stärkeren in Bezug auf das Überleben mehr Chancen einräumt, geben Bildung, Wissen und Fertigkeiten uns Menschen gerade in einer immer komplexer werdenden globalisierten Umwelt mehr berufliche und private Chancen. Schule und Pädagogik brauchen beides: inhaltliches und soziales Lernen in einem für das jeweilige Alter angemessenen Verhältnis. Der Stein der Weisen ist auf diesem Gebiet noch nicht gefunden worden. Schulen erneuern sich langsamer als Kirchen, so lautet eine bildungshistorische Weisheit. Denn Bildungsreformen benötigen einen breiten gesellschaftlichen Konsens. Modellschulen waren stets das schärfste Argument gegen sie. Folgenlos blieben sie dennoch nicht. Sie wirkten eher subtil, wie viele Veränderungen in den Schulen, die sich langsam und stetig statt mit einem Ruck Geltung verschaffen.

Kapitel II:

Schulen in Österreich

Teil 1: **Differenziertes Angebot**

Länder, die die Schulpflicht früh eingeführt haben, haben heute ein differenziertes System. In Österreich wollte Maria Theresia verschiedene Schulen für die einzelnen Stände. Eine der zahlreichen österreichischen Bildungsreforminitiativen namens „Jedes Kind"[7] scheint in dieser Zeit bewusst stehen geblieben zu sein. Deren Protagonisten behaupten, dass **vieles in Österreichs Schulen wie Sitzenbleiben, Jahrgangsklassen, Notenskala** sowie ca. **80 Prozent des Fächerkanons noch aus dem 19. Jahrhundert** stamme, **weswegen die Kinder in** den österreichischen Schulen so wie damals lediglich „lesen, schreiben, rechnen und gehorchen lernen". Da werden sich aber viele Insider wundern über die doch nicht selten gehörten Klagen, dass zu viele Kinder nach der Pflichtschule eben nicht lesen, schreiben und rechnen können. **Noch mehr aber werden sie staunen über die Feststellung, dass** Schüler in unserem Schulsystem vor allem gehorchen lernen. Denn Schüler machen heute eher die Erfahrung, dass grobes Fehlverhalten, ja selbst schwerwiegende Übergriffe (z.B. Cybermobbing oder Gewalttätigkeiten) auf Mitschüler, Lehrpersonen oder Erziehungsberechtigte weitgehend ohne Folgen bleiben. Das Prinzip, dass die Freiheit des Einzelnen dort endet, wo sie die Freiheit des anderen einschränkt oder einzuschränken droht, scheint dem Streben nach Selbstverwirklichung, nach Individualismus oder einfach nach einer nicht näher definierten Gedankenlosigkeit zunehmend öfter Tribut zollen zu müssen.

---

[7] https://www.jedeskind.org.

Die einstigen Stände der Gesellschaft haben sich grundlegend verändert, aus Bauern, Bürgern, Edelmännern wurden Landwirte, Gutbürger, Wutbürger oder Geldadel, hinzugekommen sind unterschiedlichste Menschen aus anderen Ländern, kurz gesagt, die Gesellschaft ist heterogener geworden und in den Schulen spiegeln sich diese Veränderungen wider. Alle diese Entwicklungen unter einen schulischen Hut zu bringen, ist eine Herkulesaufgabe für Politik und Gesellschaft.

In Österreich gibt es – trotz aller berechtigten Kritik – sehr viele gute Schulen mit einem pädagogischen Gesamtkonzept, das von engagierten und kompetenten Personen erstellt wurde und – manchmal mit bildungspolitischer Unterstützung, gelegentlich aber auch ohne diese – schulische Realität geworden ist. Trotz oft schwieriger bürokratischer Rahmenbedingungen ist so ein Stück Schulautonomie wenigstens in Ansätzen Wirklichkeit geworden. Die Einstellung der Bevölkerung gegenüber dem Schulsystem ist trotz eines fehlenden bildungspolitischen Gesamtkonzeptes und zahlreicher halbherziger Reformen noch immer positiv, Schulen werden – mit einigen Ausnahmen – von den darin handelnden und involvierten Personen nicht als so katastrophal angesehen, wie gerne – vor allem medial – behauptet wird. Auch Politiker anderer Länder bestaunen immer öfter, wie Österreich es schafft, die Zahl der 15- bis 24-Jährigen, die weder in einer Ausbildung noch in einem Beruf stehen, relativ niedrig zu halten. Österreichs allgemeinbildendes und berufsbildendes Schulwesen hat – trotz mancher Kritikpunkte – weltweit noch immer einen ziemlich guten Ruf. Und das, obwohl Österreichs Bildungspolitiker seit Jahren ohne ein bildungspolitisches Gesamtkonzept hier ein bisschen und da ein bisschen reformieren. Auch die Medien beschäftigen sich ganz gerne mit Nebensächlichkeiten, populistischen Expertenmeinungen oder Zurufen wie: „Weg mit der 50-Minuten-Schulstunde und der Schulglocke", „Änderung des traditionellen Fächerkanons mit praktischen Vorschlägen wie z.B. Glück als Schulfach", „Projektunterricht als Lösung aller Probleme", „Abschaffung der Noten in der Volksschule", oder sie erheben die sehr „konkret" formulierte Forderung: „Jedes Kind braucht die beste Bildung. Jedes!", als wären das wahrhaft revolutionäre Beiträge zu einer Verbesserung. Österreichs Bildungspolitiker evaluieren die von ihnen getroffenen Maßnahmen meist gar nicht oder ihren eigenen, meist ideologisch getriebenen Vorstellungen entsprechend. Sie bereiten selbst sinnvolle Reformschritte wie die Zentralmatura unprofessionell und schlecht vor, zäumen das Pferd sozusagen von hinten auf: Vor der Zentralmatura ist nämlich bis dato keine einzige zentrale Prüfung vorgesehen. Ebenso unausgegoren ist das zukünftige Ausbildungskonzept für Lehrer. Die Fachkompetenz wird bewusst vernachlässigt. Es ist absurd, anzunehmen, dass jeder Lehrer in einer Sekundarstufe jedes Fach unterrichten könne. Die Lehrerausbildung NEU und das damit verbundene Lehrerdienstrecht NEU sind zu überdenken.

Teil 2: **Gesamtschule – das ewige Thema?**

Geschätzte Leser, das folgende **Potpourri aktueller Aussagen und Meinungen zur Gesamtschule** spiegelt die aktuelle Situation wider, in der Österreichs Bildungspolitiker eine mehrheitlich konsensfähige Bildungsreform auf die Beine stellen sollen:

(**Kontra Gesamtschule:**) Bildung ist keine Glaubensfrage, sie orientiert sich an harten Fakten und diese benennen im internationalen Vergleich klare Erfolgsfaktoren von Schulsystemen: Schulautonomie, vordefinierte Bildungsstandards und deren externe Überprüfung.

(**Pro Gesamtschule:**) Bildung ist keine Glaubensfrage, sie orientiert sich an harten Fakten und diese benennen im internationalen Vergleich klare Erfolgsfaktoren von Schulsystemen: Schulautonomie, vordefinierte Bildungsstandards und deren externe Überprüfung – <u>am Ende dieser Faktorenkette steht die Gesamtschule</u>. Alle Untersuchungen zeigen, dass Kinder in gemischten Klassen MEHR lernen, NICHT weniger. Richtig gemacht, führt die gemeinsame Schule zur Nivellierung nach oben. Das Aufschieben der Entscheidung über die Bildungslaufbahn eines Kindes bis zum 15. Lebensjahr führt zu einer Entkoppelung von elterlichen Vorstellungen und Biografien und somit zu mehr Chancengleichheit.

(**Kontra Gesamtschule:**) Jede Nivellierung aller Kinder eines Jahrgangs bedeutet entweder eine Unterforderung der Leistungsfähigen oder eine Überforderung anderer (was vor allem bildungsfernen Schülern mehr schadet als nutzt). Die Idealvorstellung, dass die Begabten die Schwachen hinaufziehen, ist eng mit der Frage der Motivation verknüpft und diese entsteht vor allem dort, wo überwiegend eigene Erfolgserlebnisse auf die Begabten warten und nicht ständig die Defizite anderer die Hauptrolle spielen.

<u>Zur Durchlässigkeit:</u> Gern wird behauptet, unser Schulsystem selektiere zu früh und sei zu wenig durchlässig. Schulwechsel an den Schnittstellen, aber auch davor und danach sind möglich und oft erfolgreich. Irreversible Weichen gibt es nicht: Die Hälfte aller österreichischen Maturanten ist mit zehn Jahren auf eine Hauptschule gegangen. Es gibt also für fleißige und lernwillige Kinder zahlreiche schulische Möglichkeiten und selbst nach absolvierten Lehren führen noch Wege an die Universität. Würde die Unterstufe aller öffentlichen Gymnasien abgeschafft und durch eine flächendeckende Gesamtschule ersetzt, gäbe

es konsequenterweise viele der sehr bewährten gymnasialen Unterstufenangebote (naturwissenschaftliche, humanistische, neusprachliche, bilinguale, musische u.a.) nicht mehr oder nur mehr in Privatschulen, was einen Run auf „bessere" Privatschulen für Kinder finanzstarker Eltern auslösen könnte und somit die Chancengleichheit wiederum in Frage stellen würde.

(Die neutrale Position:) Wir haben funktionierende gemeinsame Schulen: die Hauptschulen (heute Neue Mittelschule) auf dem Land. Volksschüler gehen fast geschlossen in die örtliche Hauptschule, viele maturieren später. In den Städten gibt es eine Trennung in „bildungsnahe" und „bildungsferne" Bezirke.

(Pro Gesamtschule:) Manche reden vom „funktionierenden Gymnasium" und übersehen, dass die AHS nur dort funktioniert, wo Elternhäuser funktionieren. Eltern stecken Millionen Euro in die Nachhilfe.

(Die neutrale Position:) Eine liberale Bildungspolitik muss die Vielfalt des Schulangebots ermöglichen, d.h. alle Schulen und Schulträger situationsadäquat behandeln und staatlichen Schulen endlich volle Autonomie geben, einschließlich Budget, Personal, Direktorenbesetzungen, Niveau- und Schwerpunktsetzung sowie Festsetzung von Zugangskriterien. Eine wirklich moderne Schulpolitik ist für eine externe Leistungskontrolle zuständig, die regelmäßig – alle zwei bis vier Jahre – die Erfüllung der Bildungsstandards feststellt.

(Kontra Gesamtschule:) Es sind die wirtschaftlich erfolgreichsten und stärksten Regionen Europas, die Schülern zwischen 10 und 14 Jahre Schulvielfalt anbieten: Neben Österreich sind das die Schweiz und vor allem Süddeutschland. In der Schweiz ist das kantonsweise unterschiedlich geregelt. In Zürich kann man zwar erst nach sechs Jahren Primarschule in ein „Gymnasium Langform" wechseln. Dabei gibt es aber eine Aufnahmeprüfung, die im Schnitt nur von einem kleinen Teil eines Jahrgangs bestanden wird. Aufnahmeprüfungen bestehen dort aus einer Kombination aus der Einschätzung durch den Primarschullehrer und den Noten aus der Primarschule sowie einem externen Test.

(**Die neutrale Position:**) Wenn man die gemeinsame Schule einführt und sie nicht mit neuen Inhalten füllt, ändert sich gar nichts. Vor Ort müssen die Lehrer über Unterrichtsform und -einteilung entscheiden können. Voraussetzung dafür ist allerdings, dass man die Lehrerausbildung massiv verbessert.

Eine gute gemeinsame Schule kann nur eine **Ganztagsschule** sein. Zudem muss es für Schüler aus sozial benachteiligten und bildungsfernen Familien mehr Ressourcen geben, damit man auf ihre Defizite gezielter eingehen kann. Die Regierung gibt zwar Ziele vor. Die Schule hat jedoch völlige Freiheit dahingehend, wie sie diese erreichen will. Schulen haben ein Budget und können entscheiden, welchen Lehrer sie brauchen, ob sie Sozialarbeiter, Krankenschwestern oder Psychologen einstellen. Wie viel Geld eine Schule bekommt, hängt von der Sozialstruktur der Schüler ab. Verteilt wird nach einem Schlüssel, wobei es für Scheidungskinder, Migranten und Sozialhilfeempfänger extra Geld gibt.

(**Kontra Gesamtschule:**) Auch die Gesamtschule vermag nicht auszugleichen, wenn Kinder zu Hause nie erfahren, dass Lesen Freude macht oder dass der Erwerb von Wissen etwas Schönes ist. Es kommen nicht dort gebildete Kinder hervor, wo Akademiker die Eltern sind, sondern dort, wo die Eltern – sie können durchaus auch Bauern oder Arbeiter sein – ein bildungsfreundliches Klima schaffen.

(**Die neutrale Position:**) Die Erhöhung von Chancengleichheit und sozialer Gerechtigkeit sowie die Förderung der Integration in ein Gemeinwesen sind wichtige sozialpolitische Ziele. Dafür die Möglichkeiten des Bildungswesens auszuschöpfen, ist jede Anstrengung wert. Das notwendige Instrumentarium muss aber umfassender sein, als lediglich die Bildungsgänge in der Sekundarstufe I zu integrieren. Gezielte Frühförderung und Unterstützung, etwa durch Ganztagsschulen, könnte sich als bedeutsam erweisen. Es kann dabei aber nie darum gehen, gegen die Bemühungen bildungsmotivierter Elternhäuser zu handeln. Im Vordergrund muss vielmehr die Hilfe für jene Eltern und Kinder stehen, die die Chancen des Bildungswesens nicht nutzen oder nicht nutzen können. Doch die Verringerung der sozialen Selektivität muss nicht der einzige Grund sein, um Veränderungen der Sekundarstufe I sinnvoll erscheinen zu lassen. So scheint klar, dass eine frühe Einteilung in Bildungsgänge nach der vierten Klasse nur zu rechtfertigen ist, wenn die Anschlussmöglichkeiten an weiterführende Bildungswege nach der Sekundarstufe I gut ausgebaut sind, wie dies bei Österreichs berufsbildenden mittleren (Fachschulen) und höheren Schulen (BMHS) oder Oberstufengymnasien der Fall ist. Ansonsten wäre die frühe Selektion in der Tat für kleine Kinder und ihre Familien unzumutbar. Auch gut ausgebaute berufsbildende Wege zur Hochschulreife – wie bei der Berufsreifeprüfung in der Schweiz und in Österreich – machen die frühe Selektion erst pädagogisch erträglich. Die Zersplitterung der Bildungsgänge in verschiedene Schulformen oder die Ausgrenzung von Hauptschulen in Großstädten lassen es sinnvoll erscheinen, dort eine Zweigliedrigkeit ins Auge zu fassen. Sie würde helfen, problematische Zusammensetzungen der Schülerschaft zu verhindern. Auch eine Stigmatisierung von Hauptschülern wäre so vermeidbar, selbst wenn damit das Problem der internen Stigmatisierung noch nicht bewältigt wäre. Ein zweigliedriges System könnte eine neue Übersichtlichkeit schaffen, die Eltern bei ihren Entscheidungen hilft. Insgesamt legen die Forschungsergebnisse pragmatische Optionen nahe. Verschiedene Organisationslösungen der Bildungsgänge sind akzeptabel, wenn sie zu Durchlässigkeit und einer optimalen pädagogischen Förderung führen. Sie fordern zudem dazu auf, nach einer pädagogischen Gestaltung der Schule zu suchen, die mehr umfasst als die Organisationsstruktur von Bildungsgängen.[8]

(Pro Gesamtschule:) Der Bildungsweg eines Schülers entscheidet sich heute mit neuneinhalb Jahren, sodass der Schulbesuch eine Frage der sozialen Schichten ist, ein Dreier in der Volksschule einen besseren Bildungsweg verbaut, alle in die AHS streben und die Hauptschulen leer stehen.

Gescheiter. Gemeinsam.
Eine wichtige Idee der Gesamtschule ist, gemeinsam zu leben (und) zu lernen. Lernschwächere können sich von ihren Mitschülern einiges abschauen. Die wiederum stärken ihr eigenes Wissen, wenn sie es an Mitschüler weitergeben. Nebenbei werden so soziale Kompetenz und Toleranz geübt – im wahrsten Sinne des Wortes.

(Kontra Gesamtschule:) Die „Einheitsschule" führt zu einer „Nivellierung nach unten", während die Förderung von begabteren, leistungsstarken Kindern dabei zu kurz kommt.

(Die neutrale Position:) Befürworter einer „Schule für alle" verweisen gerne darauf, dass sich mit Finnland und Korea zwei Länder mit integriertem Schulsystem bei den PISA-Rankings ganz vorne platziert hätten. Was sie nicht sagen, ist, dass auch die Länder,

---

[8] Helmut Fend: „Schwerer Weg nach oben. Das Elternhaus entscheidet über den Bildungserfolg – unabhängig von der Schulform", in: Die Zeit, Nr. 2, 4.1.2008. Siehe vom selben Autor: *Gesamtschule im Vergleich*, Weinheim 1982.

die in sämtlichen OECD-Bildungsvergleichen die Schlusslichter bilden, integrierte Schulsysteme haben. Beispielsweise weisen Griechenland und Finnland große Gemeinsamkeiten im Schulsystem auf; die Leistungsergebnisse und auch der Zusammenhang zwischen sozialer Herkunft und Bildungserfolg könnten aber unterschiedlicher nicht ausfallen.

(**Kontra Gesamtschule:**) Leistungsmäßig hat Deutschland bei PISA inzwischen viele zuvor als Vorbilder beschworene Staaten wie Schweden, Dänemark und Norwegen deutlich hinter sich gelassen. Wenn in OECD-Untersuchungen für Deutschland, aber auch für Länder mit Gesamtschulen ein besonders enger Zusammenhang zwischen Sozialschichtzugehörigkeit und Bildungserfolg festgestellt wird, dann ist dies kein Urteil über ein Schulsystem. Vielmehr ist es eine Feststellung der Defizite bei der sozialen Integration von Bevölkerungsgruppen in Deutschland. Dies zeigt sich etwa daran, dass Länder mit ähnlichen Problemen (wie etwa Frankreich) trotz integrierter Schulsysteme einen ähnlich engen Zusammenhang aufweisen. Wer Schichtzugehörigkeit und Bildungserfolg stärker entkoppeln will, wird das Problem nicht lösen, indem er Gesamtschulen einführt, sondern indem er Integrationspolitik forciert und den Bildungswillen dieser sozialen Gruppen fördert.

(**Die neutrale Position:**) Entscheidend ist nicht, was die Lehrer unterrichten, sondern was die Kinder lernen. Dieser Paradigmenwechsel kommt auch in Österreich. Das klingt jedenfalls vernünftig! Egal, was dann auf dem Schultor steht, durch das unsere Kinder ihre Schultüten tragen werden.

(**Kontra Gesamtschule:**) Wer glaubt, gegen den Willen breiter Bevölkerungskreise eine Schule für alle durchsetzen zu müssen, wird die Erfahrung machen, dass dann, wie in England, die Flucht aus der öffentlichen Schule in die teure Privatschule beginnt – eine Flucht, die sicher nicht zu weniger sozialer Selektivität führen wird.

Fragen zur Gesamtschule an deren Befürworter, Gegner oder dieser gegenüber neutral Eingestellte:

Wie ist es möglich, dass in einer Gesamtschule jedes Kind individuell gefördert wird?

Befürworter: Schüler lernen nicht in Klassenverbänden, sondern in über drei Jahrgänge gemischten Gruppen. Wenn ein Schüler in einem Fach gut ist, macht er bei den Besseren mit, hat er Schwächen, lernt er mit der „leichteren" Gruppe. Auch die Gruppengrößen sind unterschiedlich.

Gegner: Die „innere Differenzierung" des Gesamtschulmodells NMS besteht darin, dass die Kinder nun sieben statt fünf unterschiedliche Noten bekommen können – was nur dazu führt, dass Problemkinder Noten und Schule noch weniger ernst nehmen als bisher. Das zweite auffindbare Element der „inneren Differenzierung" ist die gleichzeitige Präsenz von zwei Lehrern in den Klassen, die einander aber, so zeigen es viele Erfahrungsberichte, oft mehr stören, als dass sie dem Bildungserfolg ein wirkliches Plus einbrächten.

Befürworter: Die spätere Trennung der Schultypen mag nicht der allein entscheidende Faktor für Erfolg oder Misserfolg sein – er ist aber auch nicht irrelevant: Je früher man aufteilt, desto stärker geht die Schere zwischen Akademikerkindern und Arbeiterkindern auseinander.

Heißt Gesamtschule, dass dann jede Schule das gleiche Leistungsniveau hat?

Neutral: Es darf durchaus Unterschiede zwischen den Schulen geben. Wichtig ist nicht, dass alle das gleiche Leistungsniveau erreichen, sondern dass gewährleistet ist, dass alle einen Mindeststandard erfüllen. Unterschiede von Standort zu Standort können enorm sein, so gibt es z.B. in Finnland Schulen mit Schwerpunkten wie Musik, bilingualem Unterricht etc. Die Schüler müssen eine Aufnahmeprüfung machen, was zu sozialer Trennung führt.

Was haben die PISA-Ergebnisse mit der Gesamtschuldiskussion zu tun?

Gegner: Das einzige Argument, das für die Gesamtschule herangezogen werden kann, ist der schlechte Wert Österreichs bei der PISA-Studie. Eine Ursache der schwachen PISA-Ergebnisse liegt – neben der für viele österreichische Schüler ungewohnten kompetenzorientierten, in Österreichs Schulen noch nicht so verbreiteten Fragestellung – bei den mangelhaften Sprachkenntnissen von Zuwandererkindern, deren sprachliche und soziale Integration von der Politik erst in den letzten Jahren in Angriff genommen wurde. Erst seit einigen Jahren gibt es verpflichtende deutschsprachige Kindergartenjahre für Kinder, für die man Familienbeihilfe bezieht, frühe vorschulische Sprachausbildung, basierend auf Sprachstandsfeststellungen, sowie gezielten Deutsch-Förderunterricht in den Volksschulen.

Der Anteil der Bevölkerung mit einer fremden Erstsprache ist in Österreich unverhältnismäßig hoch, bei Wiener Schülern liegt er in manchen Bezirken bei über 50 Prozent! Viele Eltern wollen nicht, dass ihre Kinder neun Jahre lang mit bildungsfernen Altersgenossen in die gleiche Klasse gehen!

Neutral: Die Hauptursache für die Lese-, Schreib- und Rechenschwäche der 15-Jährigen liegt nicht bei den Schulen, die sie besuchen, sondern bereits in der Volksschule. In manchen Volksschulen wird heute auf eine den existierenden Bildungsstandards entsprechende Leistungsanforderung verzichtet. Die guten Noten entsprechen oft nicht den tatsächlichen schulischen Leistungen. Man will den lieben Kindern nicht die Zukunftschancen verbauen.

Die wirkliche Weichenstellung findet jedoch schon viel früher statt. Schon für das Alter von zwei bis vier Jahren zeigen pädagogische Studien gewaltige Unterschiede in der Intelligenz, Sprachgewandtheit und technischen Fähigkeit von Kindern, die überhaupt nicht mehr aufgeholt werden können. Selbst wenn die Ursachen dieser Unterschiede nur in der Erziehung (und nicht in genetischen Faktoren) liegen sollten, müsste das – im Sinne der Chancengleichheit – ja sogar dazu führen, dass Kinder ihren Eltern sofort nach der Geburt abgenommen werden. Gerechtigkeit ist eine philosophische Herausforderung!

Teil 3: Gute Schulen – wonach sind diese zu beurteilen?

Kriterium Leistung
Dies sind Schulen, die, gemessen an ihrer Ausgangslage, besondere Schülerleistungen in den Kernfächern (Mathematik, Sprachen, Naturwissenschaften), im künstlerischen Bereich (beispielsweise Theater, Kunst, Musik oder Tanz), im Sport oder auf anderen wichtigen Feldern (wie Projektarbeit oder bei Wettbewerben) erzielen.

Kriterium Umgang mit Vielfalt
Gute schulische Einrichtungen zeichnen sich aus durch ihren Umgang mit Vielfalt und dass sie Mittel und Wege gefunden haben, um produktiv mit den unterschiedlichen Bildungsvoraussetzungen und Leistungsmöglichkeiten ihrer Schülerinnen

und Schüler – wie verschiedene kulturelle und nationale Herkunft oder Geschlecht sowie unterschiedlicher Bildungshintergrund der Familie – umzugehen. Es sind Schulen, die wirksam zum Ausgleich von Benachteiligungen beitragen und das individuelle Lernen planvoll und kontinuierlich fördern.

Kriterium Unterrichtsqualität – Unterricht soll sich am Alltag orientieren

Dies sind Schulen, die etwas dafür tun, dass die Schüler selbst die Verantwortung für ihr Lernen übernehmen können, die ein erfahrungs- und praxisorientiertes Lernen auch unter Einbeziehung außerschulischer Lernorte ermöglichen und die den Unterricht und die Arbeit von Lehrern mit Hilfe neuer Erkenntnisse kontinuierlich verbessern.

Kriterium Verantwortung

Dieses Kriterium erfüllen Schulen, in denen die Prinzipien und Formen eines achtungsvollen Umgangs miteinander, Möglichkeiten gewaltfreier Konfliktlösung und der sorgsame Umgang mit Sachen nicht nur postuliert, sondern gemeinsam vertreten und praktisch geltend gemacht werden.

Kriterium Schulklima und Schulleben

In diesen Schulen wird für ein gutes Klima und reges Schulleben gesorgt, so dass Schüler, Lehrer und Eltern gern in die Schule gehen. Die pädagogisch fruchtbare Beziehung zu außerschulischen Personen und Institutionen sowie zur Öffentlichkeit wird aktiv gepflegt.

Kriterium Schule als lernende Institution

Neue und ergebnisorientierte Formen der Zusammenarbeit des Kollegiums, der Führung und des Managements haben sich in diesen Schulen etabliert und die Motivation und Professionalität ihrer Lehrer werden planvoll gefördert. Die Schulen bewältigen die Stofffülle, die Verbesserung des Lehrplans sowie die Organisation und Evaluation des Schulgeschehens. Sie setzen diese Ziele nachhaltig und selbstständig um und definieren sie als eigene Aufgaben der Schule.

Teil 4: **Die beste Schule für mein Kind**

Keine Elterngeneration vor uns hat sich so viele Gedanken über die Bildung ihrer Kinder gemacht wie die aktuelle. Für keine andere war die Schullaufbahn der Söhne und Töchter (jedenfalls glauben das die Eltern) so direkt mit den Zukunftschancen des Kindes verknüpft. Und so beginnt auch die Schule immer früher, für immer mehr Kinder fängt das Schülerleben schon in der Vorschulklasse an. Während die Väter und Mütter früher erst an der Schwelle von der Volksschule zur weiterführenden Schule glaubten, eine Lebensentscheidung für ihr Kind zu treffen, so haben wir dieses Gefühl heute schon bei der Einschulung – was vielleicht auch nur daran liegt, dass keine Elterngeneration zuvor einen so fürsorglichen Blick auf ihre Kinder hatte.

Was ist denn nun die beste Schule?
Die behütete, familiäre, mit Haustieren auf dem Schulhof? Die Hochbegabtenschule, die auch normal begabte Kinder aufnimmt? Die örtliche Volksschule, an der die Kinder von Klasse eins bis vier gemeinsam lernen, wie in der guten alten Dorfschule? Sind Eltern hysterisch, wenn sie sich die alle anschauen? Oder haben sie allen Grund dazu, besorgt zu sein? Vor allem: Was macht die Sorge und Unsicherheit mit ihnen und ihren Kindern? Die Eltern wünschen sich solide Bildung, ein Ganztagsangebot, viele wollen, dass ihre Kinder schon früh Fremdsprachen lernen, nicht überraschend liegt

hier Chinesisch im Trend, die Weltsprache Englisch sowieso. Eltern sind bereit, für ein entsprechendes Angebot einiges zu bezahlen: Väter und Mütter hinterlassen dem Kind lieber kein großes Erbe – das allerdings, verglichen mit früher, immer noch relativ stattlich ist –, sondern investieren in Bildung, mag dies auch gelegentlich sehr teuer sein. Dafür können sie erwarten, dass ihr Kind nach der Immersionsmethode Englisch lernt, d.h., dass alle Fächer außer Deutsch sowie nationale Geschichte auf Englisch unterrichtet werden. Natürlich sind Fremdsprachen wichtig, aber irgendwie beschleicht so manche Eltern doch das Gefühl, das Kind sollte erst mal lernen, sich richtig gut auf Deutsch auszudrücken. Privatschulen machen den staatlichen Konkurrenz und sind, bei allem Elitismus, am Ende vielleicht ein Gewinn für alle.

Also werden noch ein paar andere Schulen ins Auge gefasst. Die katholische Schule z.B. mag gelegentlich ein bisschen stressig für das Kind sein, schließlich ist ein gewisser Leistungsdruck auch bei der katholischen Religion an der Tagesordnung. Wäre da nicht besser für das sensible Kind die Waldorfschule, deren Leiterin vor der PISA-Panik warnt und sagt, bei ihnen würden die Kinder mit Zahlen umgehen lernen, indem sie morgens durchzählen, wie viele Vegetarier, Flexitarier oder Veganer da sind. Ja, die Qual der Wahl ist in der heutigen Bildungslandschaft größer denn je, die Vorstellung der Eltern vom ersten Schultag entfernt sich mehr und mehr von der des Kindes. Eltern vergessen manchmal vor lauter Nervosität darüber, dass alles klappt, dass Schule für Kinder etwas Schönes sein kann, das nicht mit Angst verbunden ist – die vor allem die Eltern haben.

Unter den Eltern scheint ein Wettlauf entstanden zu sein: Der beste Abschluss für das Kind ist das Ziel, nur ein Hauptschulabschluss ist definitiv eine Niederlage, da können die da oben so viel „Karriere mit Lehre" plakatieren, wie sie wollen, die Wahl der Schule ist und bleibt eine Statusfrage.

Und so kommt es, dass die Privatschulen seit 15 Jahren kräftige Zuwächse verbuchen, denn sie bieten eine „ausgelesenere" Schülerschaft. Je nach Prägung und Kosten der jeweiligen Privatschule gibt es keine Angehörigen anderer Religionen, diese Schulen vermitteln die für Eltern wichtigen Werte und bieten intensive Betreuungsprogramme.

Gibt es da vielleicht noch andere Kriterien für die erste Schulwahl? Ja: Die Schule in unmittelbarer Nähe sollte absolute Priorität haben. Allein zur Schule gehen zu können, macht ein Kind selbstständig. Letztendlich ist sowieso das Elternhaus für die Kinder entscheidend, Eltern sind viel wichtiger als die Schule. Doch leider haben manche Eltern ein verzerrtes Bild von Schule. Normalerweise freuen sich Kinder auf ihren ersten Schultag. Gerade durch die gesellschaftlichen Veränderungen in den Familien, durch die Tatsache, dass die meisten nicht mehr eingebunden sind in eine Großfamilie, eine Dorfgemeinschaft, eine Nachbarschaft, die sich kennt, braucht das Kind Gesellschaft in Form von Mitschülern, auch solche, die nicht immer lieb und nett sind. Die schnellen Trennungen und die gleichzeitige Sehnsucht nach Bindung rücken das Kind ins Zentrum der Familie, auf dem modernen Kind lastet ein enormer Druck. Es steht für eine heile, erfolgreiche Familie. Das Kind denkt, es kann alles bekommen. Und gleichzeitig spürt es, wenn es nicht gerade in einer teuren Privatschule, sondern in einer öffentlichen Schule sitzt, dass es auch Kinder gibt, die von ihren Eltern weniger bekommen, oder andere, die noch mehr bekommen. Natürlich müssen die öffentlichen Schulen besser werden, um Bildung nicht allein den Kräften des Marktes zu überlassen.

Was ein Kind braucht, ist vor allem eine frohe Kindheit, die es in einer pädagogisch normierten Gesellschaft nicht erleben könnte. Diese ist für Kinder und die Entwicklung ihrer Intelligenz sogar schädlich. Viele öffentliche Schulen sind sehr gut, die Lehrer verfügen über die Fähigkeit, die Eigenarten der Kinder zu sehen. Kinder brauchen Sicherheit schon von zu Hause aus, um auch bei Schwierigkeiten, die es im zwischenmenschlichen Umgang immer geben wird, bestehen zu können. Ein zu behütetes Kind wird in seinem Selbstvertrauen geschwächt und in der Persönlichkeitsentwicklung behindert.

Kapitel III:

Österreichs Bildungssystem zwischen Revolution und Evolution

Es gibt in Österreich und auch in Deutschland zu viele gescheiterte Bildungskarrieren, was den Ruf nach Reformen lauter und lauter werden lässt. In zahlreichen Büchern zum Thema Bildung werden aufgrund dieser Tatsache Schulen gar als „Dressureinrichtungen", wo „gehorsame Pflichterfüller" (Hüther)[9] ausgebildet werden, oder als Institutionen, wo „Kinder Tag für Tag leiden" (Juul)[10], gesehen, sodass man „einer normalen Mittelschichtsfamilie" nicht mehr empfehlen könne, ihr Kind auf eine öffentliche Schule zu schicken (Precht)[11], oder Lehrer werden schlicht und einfach als Feinde des talentierten Schülers insinuiert (Salcher).[12] Das bringt Leser und Geld, weil diese Autoren bewusst provozieren und einem Teil der von der Schule frustrierten Eltern und Schüler, aber auch der Lehrer aus der Seele zu sprechen scheinen.

Ja – Österreichs Bildungssystem braucht ein Angebot **ganztägiger Schulformen**, die in zeitlicher, räumlicher und personeller Hinsicht so ausgestattet sind, dass sie gesellschaftliche Entwicklungen wenigstens teilweise kompensieren können.

---

[9] Gerald Hüther, Uli Hauser: Jedes Kind ist hoch begabt, München 2012.
[10] Jesper Juul: Schulinfarkt – Was wir tun können, damit es Kindern, Eltern und Lehrern besser geht, München 2013.
[11] Richard David Precht: Anna, die Schule und der liebe Gott: Der Verrat des Bildungssystems an unseren Kindern, München 2013.
[12] Andreas Salcher: Der talentierte Schüler und seine Feinde, Salzburg 2008.

Ja – die Auswahl und Ausbildung der Lehrer und ihr Arbeitsplatz haben Reformbedarf. Diese Bereiche gleichen einem System kommunizierender Gefäße, bei dem viele Teilaspekte in direkter Wechselwirkung miteinander stehen.

Ja – Veränderungen der Strukturen unseres Bildungssystems sind notwendig, sie müssen langfristig geplant und so konkretisiert werden, dass sie breite Akzeptanz finden können. Wir brauchen in **allen** Schulen Unterrichtsqualität und ein lernförderndes Schulklima mit Raum für mehr individuelle Förderung.

Teil 1: **Maßnahmen für eine der heutigen Gesellschaft adäquate konsensfähige Bildungsreform**

Institutionelle Frühförderung
Diese legt ein günstiges Fundament für den späteren Schulbesuch: Kinder fehlen dann seltener in der Schule, lernen mehr, machen öfter die Hausaufgaben, wiederholen seltener eine Klasse und erreichen höhere Schulabschlüsse. Viele Studien zeigen, dass vor allem bei Kindern aus bildungsfernen Schichten die institutionalisierte frühkindliche Erziehung dann wirkt, wenn sie verpflichtend und kostenlos ist.

Sprachförderung von Migrantenkindern
Beim Thema Migration schneiden entgegen der Erwartung im internationalen Vergleich diejenigen Länder eher besser ab, die mehr Migranten haben. Länder mit höheren kognitiven Kompetenzniveaus sind auch die prosperierenden und ziehen dadurch mehr Migranten an. Zieht man Vergleiche zwischen den Ländern Westeuropas, wirkt sich eine hohe Migrationsquote dagegen

eher negativ aus. Bei Detailanalysen[13] wird jedoch deutlich, dass der Migrationsstatus an sich nahezu irrelevant ist: Ostasiaten in Kanada sind eher besser als Einheimische, Migranten aus Vorderasien in Deutschland im Schnitt dagegen schlechter. Dies hat weniger mit der Sprache zu tun als mit Bildungshintergrund und Herkunftskultur der Migranten. Deshalb sollte die Immigrationspolitik sowohl auf den Bildungsstatus der Zuwanderungswilligen achten als auch darauf, Kinder wie Erwachsene intensiv auszubilden.

Volle Autonomisierung der Schule
Übernahme der Verantwortung für die Rekrutierung der Lehrer, die Nutzung ihrer Ressourcen, die Einteilung ihrer Zeit und ihrer Räumlichkeiten.

Ganztagsschulen (Finanzierung des dazu nötigen Umbaus) Dies dient der Entzerrung der Lern- und Lebensvorgänge in der Schule und ermöglicht die Umsetzung der Fördermaßnahmen in allen Schultypen, damit Chancengleichheit für alle Gesellschaftsschichten gewährleistet wird.

Entschulung des Lernens, vor allem der 13- bis 15-Jährigen, d.h., schülerzentriertes Lernen muss Priorität haben, weil in diesem Alter das Lernen mit Papier und Bleistift, aus Büchern und durch Lehrerwort nicht gelingt.

Bildungsstandards als Richtschnur für zentrale Überprüfungen, vor allem an den Schnittstellen.

---

[13] Heiner Rindermann: International vergleichende Schulleistungs- und Intelligenzstudien: Warum schneiden die einen gut ab, die anderen schlecht?, in: Empirische Pädagogik 22/2008.

Integrationsmaßnahmen innerhalb der Schule, d.h. eine veränderte Einstellung gegenüber anderen Religionen und Kulturen, eine verstärkte Einbeziehung der Eltern, ein entspannter Umgang mit Zeit.

Medienerziehung – in einer gemeinsamen Aktion der Ministerien für Familie, für Gesundheit sowie für Bildung und Wissenschaft sind geeignete Maßnahmen zu prüfen, die Jugendlichen ein vernünftiges Aufwachsen in der von Medien bestimmten Welt ermöglichen.

Teil 2: **Leistung fördern, aber auch einfordern!**

Sitzenbleiben, sagen manche Experten, sei pädagogisch und ökonomisch unklug, schwache Schüler müssten nicht bestraft, sondern besser motiviert und gezielter gefördert werden. Diese Forderung ist dann eine nachvollziehbare, wenn vor allem für Problemschüler entsprechende flankierende Maßnahmen vorgesehen werden – d.h. individuelle Förderung mit Erfolgskontrolle innerhalb eines festgelegten Zeitrahmens. Im Sport und in der Musik ist es selbstverständlich, dass nicht jeder für das A-Team oder für ein renommiertes Orchester die Voraussetzungen mitbringt. Wenn also unterschiedliche Leistungsvoraussetzungen nicht in absehbarer Zeit wenigstens einigermaßen harmonisiert werden können – aus welchen Gründen immer –, muss man auch zugestehen, dass Lehrziele in einzelnen Fächern oder Fachgruppen entweder später oder nur auf einem niedrigeren Niveau erreicht werden. Das vor allem von manchen sich selbst als Intellektuelle bezeichnenden Personen betriebene „Redefining of the World" hat leider auch in der Bildungspolitik Einzug gehalten. Analog zu Ausdrücken wie „Gewinnwarnung" in der Finanzwelt (was eigentlich aussagt, dass es Verluste geben wird), pflegt man auch in der aktuellen österreichischen Bildungspolitik den Euphemismus. Ein Musterbeispiel für eine solche Sichtweise bietet die Notenskala der Neuen Mittelschule, die vor allem von ministerieller Seite gepriesene kostenintensivere und von jeglicher Evaluierung befreite „Nachfolgerin" der Hauptschule. In der dritten und vierten Klasse NMS soll in Deutsch, Mathematik und lebenden Fremdsprachen (meist Englisch) zwischen „grundlegender" und „vertiefter Allgemeinbildung" unterschieden werden – also darüber, ob jemand in diesen Fächern die Basisbildung oder darüber hinausgehende, komplexere Sachverhalte beherrscht. Bei der vertieften Bildung reicht die Beurteilungsskala de facto nur von „sehr gut" bis „genügend", denn ein „nicht genügend" in diesem Beurteilungsschema entspricht einem „befriedigend" nach „grundlegender Allgemeinbildung". Die Skala bei der „grundlegenden Allgemeinbildung" reicht also nur von „befriedigend" bis „nicht genügend". Denn ein „sehr gut" oder „gut" in der „grundlegenden Bildung ist gleichbedeutend mit einem „befriedigend" oder „genügend" in der „vertieften Allgemeinbildung", hat aber den Vorteil, dass es zum Aufstieg in eine höhere Schule berechtigt. Alles klar?

Die Ergebnisse österreichischer Schulen bei internationalen oder auch nationalen Tests werden zwar als besorgniserregend bezeichnet, konkrete Detailergebnisse einzelner Schulen bleiben aber in den Schubladen der Bildungsministerinnen, deren Kompetenzen seit Jahren weder politisch noch sachlich ausreichen, um eine zukunftsorientierte Bildungsreform sinnvoll umzusetzen. Aus manchen Schulen werden so **willfährige** Dienstleistungsbetriebe, in denen das Lehren zu einer Form von Verkaufsstrategie mit Motivations- und Konditionierungsmechanismen verkommt. Schüler werden zu Kunden und Lehrer zu Kundenbetreuern mit eingeschränkten Rechten – über mögliche unerwünschte Nebenwirkungen informieren Sie das Ministerium und die diversen Landesschulräte.

Wissen und dessen Erwerb sind nur unter der Anstrengung eigenen Denkens möglich. Das kann der Lehrer dem Schüler zwar nicht abnehmen, er kann ihm dabei aber wichtige Hilfen geben. Die durch unterschiedliche Ideologien beeinflusste Diskussion über den Stellenwert des sozialen Lernens gegenüber dem inhaltlichen Lernen ist fair zu führen, sie ist durch entsprechende Bildungsstandards und darauf basierende externe und interne Tests zu versachlichen, um so die Ideologie aus der bildungspolitischen Diskussion herauszuhalten.

Ein US-amerikanischer Schüler einer öffentlichen Highschool hätte wahrscheinlich wenig Hemmung, seinen Präsidenten zu interviewen und ihm im MTV-Stil alle möglichen, auch persönlichen Fragen zu stellen, während dem österreichischen Schüler vor lauter Respekt und Autoritätshörigkeit dabei die Nerven flattern und ihm daher nicht viel einfallen würde. Bei der korrekten schriftlichen Fixierung des Interviews würde allerdings der amerikanische Schüler weit mehr ins Schwitzen kommen und wahrscheinlich scheitern, während sein österreichisches Pendant diese Aufgabe ohne größere Schwierigkeiten bewältigen würde, weil er in der Schule vor allem Lesen und Schreiben ordentlich gelernt hat (inzwischen hat die Globalisierung auch hier ihre deutlichen Spuren hinterlassen).

Bildung ist vor allem ein kulturelles und soziales Problem und nur sehr bedingt ein organisatorisches. Es gibt keine seriösen wissenschaftlichen Erkenntnisse, dass Einheitsschulen bessere Ergebnisse erzielen. Im Fall von Finnland z.B., das den ersten Platz in der Mathematikrangliste einnimmt, führte man das gute Abschneiden auf langfristige Planung und ein ausgewogenes Sozialsystem zurück. Viele andere Länder, die auch spät sortieren – wie Spanien oder Albanien –, erreichen lange nicht so gute Werte. Beim weltweiten Vergleich der industrialisierten Länder wird deutlich, dass späte Differenzierung nicht mit höheren Kompetenzen einhergeht. PISA zeigt deutlich, das schichtspezifische Begabungsunterschiede am besten noch vor dem Schuleintritt ausgeglichen werden können, denn der Grundschulbereich prägt die gesamte Schullaufbahn entscheidend. Kindergärtner und Grundschullehrer sollten daher die bestmögliche Ausbildung erhalten. Es ist richtig, dass wichtige Anforderungen an ein Bildungssystem, wie z.b. Sozialkompetenz, Talenterfassung, Berücksichtigung unterschiedlicher Intelligenzen und künstlerischer, musischer und sozialer Begabung, in der PISA-Prüfung nicht vorkommen. Dennoch, die unabhängige Evaluierung der nationalen Schulsysteme nach ihrer Fähigkeit, zumindest die Kulturtechniken Lesen, Schreiben und Rechnen sowie logisches Denken und naturwissenschaftliche Grundkenntnisse zu vermitteln, ist ein deutlicher Fortschritt gegenüber der Zeit vor PISA.

Musisch-kreative Fächer brauchen eine größere Wertschätzung in der Bildungspolitik, vor allem, weil sie per se eine Bereicherung für den Menschen sind. Leider sind es bekanntlich diese, die stets als Erste dem Sparstift zum Opfer zu fallen pflegen: Warum müssen sich Kinder zwischen Musik- und Kunstunterricht entscheiden, anstatt beides geboten zu bekommen?

Teil 3: **Wichtige aktuelle Reformschritte**

Abschließende Prüfungen
Reformen sind auch beim Ablauf von abschließenden Prüfungen unumgänglich: Dass Lehrer an heimischen Schulen zugleich als Prüfer bei der Matura agierten und noch agieren, macht manche Abschlussprüfung zur Show, zu einem Initiationsritus, bei dem sich die handelnden Personen durch das System schwindeln. Die Noten im Maturazeugnis sind dadurch oft nicht mehr

aussagekräftig, weshalb Wirtschaft und Hochschulen mit eigenen Aufnahmetests reagieren. Die Zentralmatura ist die richtige Antwort, sie sollte jedoch am Ende einer Reform stehen und durch vorgeschaltete zentrale Prüfungen am Ende der Schulpflicht – etwa mittlere Reife – besser vorbereitet werden. Zentralmatura bedeutet, dass die Lehrpersonen selber in einem weit höheren Ausmaß auf dem Prüfstand stehen, als dies bisher der Fall war. Schon bis jetzt mussten die Themenstellungen von zentraler Stelle, nämlich den Landesschulräten, genehmigt und die Korrekturen den jeweiligen Vorsitzenden der Reifeprüfungen vorgelegt werden. Damit ist jetzt ein für alle Mal Schluss, denn erstmals in der Geschichte der österreichischen Schule wird von externer Stelle das im Laufe von Jahren erworbene Wissen und somit der Wissensvermittler überprüft. Diese Umstellung ist als radikal zu bezeichnen, sie ist schwerwiegend und betrifft das ganze System: Ein grundlegender Aspekt der neuen Zentralmatura kommt leider in der Bildungsdiskussion viel zu kurz, nämlich die Problematik der Kompetenzorientierung als allein seligmachende Lösung. Zweifellos spricht so manches für die sogenannte Output-Orientierung. Es wird wenige geben, die sich ernsthaft als Apologeten des mechanischen Auswendiglernens bekennen. Bei der Konzentration auf die plötzlich von ministerieller Seite hochgelobten Kompetenzen sind die Inhalte völlig ins Hintertreffen geraten. Dennoch gilt es den Kredit nicht zu verspielen: Die meisten Österreicher stehen der neuen Prüfungsform ziemlich positiv gegenüber, haben aber wenig Verständnis für die Form, in der derzeit die Debatte geführt wird. Die teilzentrale Matura ist grundsätzlich eine gute Sache, besonders sinnvoll könnte eine zentrale oder teilzentrale Matura mit Minimalstandards bei Schülern mit Schwierigkeiten in einem Fach sein. Für die Art der Prüfung würde sich der Modus der PISA-Studie im Bereich der Mathematik empfehlen. Hier wird deutlich getrennt zwischen einfachen Grundtechniken und der

Lösung komplexer Probleme, bei der diese Techniken angewandt werden.

In Österreich gibt es neben Wiederholungs- und Nachtragsprüfungen zur Vermeidung des Wiederholens einer Schulstufe schon seit längerer Zeit die Möglichkeit der sogenannten Aufstiegsberechtigung mit einem „nicht genügend" bzw. den Wechsel in andere Schultypen, die das sehr differenzierte österreichische Schulsystem trotz aller Kritik nach wie vor bietet. In einigen AHS und BHS Österreichs wird der Frage der Selektion bzw. der damit notwendigerweise verbundenen Fördermaßnahmen durch die Einführung eines sogenannten Modulsystems Rechnung getragen. Das Prinzip der individuellen Forderung und Förderung wird in den Mittelpunkt des Lernprozesses gestellt.

Das Modulsystem in den AHS und BHS – Sekundarstufe II, laufende Schulversuche und neue Modelle
Der Jahreslehrplan wird auf Semester aufgeteilt, die man jeweils positiv abschließen muss. Bei einer negativen Note muss nicht mehr die Klasse wiederholt werden, sondern lediglich das Modul. Bis zur Zentralmatura müssen alle Fächer positiv absolviert sein. Schließt ein Kandidat ein Modul dennoch negativ ab, so sind fehlende Kompetenzen und inhaltliche Mängel des Schülers nachvollziehbar zu dokumentieren, was besonders bei aufbauenden Gegenständen in der vorgeschriebenen Form keinen Sinn macht und nur unnützen bürokratischen Aufwand bedeutet. Es bleibt – bei aller Wertschätzung von messbaren Kompetenzen – fraglich, ob die dogmatische Orientierung an Kompetenzen zu besseren Leistungen und damit zu einer schulischen Qualitätssteigerung führt.

Ein Vorteil des Modulsystems ist, dass der Schüler dabei im Klassenverband bleibt und nicht wie bisher der Stoff eines ganzen

Jahres nachgeholt werden muss, sondern nur der eines einzelnen Moduls oder aus Teilen davon. Es gibt drei (auf Entscheidung der Direktion eventuell auch vier) Prüfungsantritte. Beim letzten Antritt soll der Schüler die Möglichkeit haben, sich von einem anderen Lehrer prüfen zu lassen. Schafft man ein Semester nicht, kann man sich – je nach Modell – angeblich alle sechs Wochen neu prüfen lassen. Aber wie das in der schulischen Praxis technisch und inhaltlich gehen soll, ist, typisch österreichisch, nicht genau festgelegt und daher als „suboptimal" einzustufen. Dies kann für die betroffenen Lehrer, was die wiederholten Leistungsdiagnosen betrifft, einen hohen zusätzlichen Förder- und Prüfungsaufwand bedeuten und für die Schulverwaltung hinsichtlich der Schullaufbahndokumentation der involvierten Schüler mit viel Datenverarbeitung verbunden sein. Eine „Ehrenrunde" sollen künftig nur noch jene Schüler drehen, die in **mehr als drei Fächern** negativ abschneiden. In diesem Fall sollen den Schülern alle positiven Noten vom vorhergehenden Schuljahr erhalten bleiben. Sie müssen zwar auch jene Fächer, die sie positiv abgeschlossen haben, besuchen, eine positive Note ist ihnen aber bereits gewiss.

Die praktische Umsetzung des Modulsystems lässt also noch einiges zu wünschen übrig.

Mittel- oder langfristig wird – unabhängig von den Umsetzungsschwierigkeiten in der Praxis des Schulalltags – in der österreichischen Schule, vor allem in der Sekundarstufe II, eine **differenzierte Evaluierung** einzelner Leistungen im Rahmen der Matura Platz greifen müssen, die einerseits externe und interne Evaluierungen vorsieht und andererseits auch Kompensationsmöglichkeiten innerhalb einzelner Abschlüsse ermöglicht, um unterschiedlichen Begabungen im Rahmen einer Gesamtbeurteilung der Studienberechtigung oder des Abschlusses gerecht zu werden.

Je nach den **curricularen Schwerpunkten** der Schulen werden Abschlüsse in einzelnen Bereichen unterschiedliche Koeffizientenwerte ähnlich dem französischen Baccalauréat haben, d.h., dass schwächere Leistungen in einem Bereich durch bessere Leistungen in anderen kompensiert, also Schwächen durch Stärken ausgeglichen werden können. Auf diese Weise wird der Abschluss eines Bildungsganges bei gleichzeitiger Qualitätssicherung in einzelnen Gegenständen oder Fächergruppen für möglichst viele Absolventen ermöglicht.

Kapitel IV:

Lehrer – Beruf oder Berufung?

Ist die Person des Lehrers das alles Entscheidende beim schulischen Bildungsprozess?
Wenn Lernen so individuell ist, z.b. wie die Liebe, dann sollten Lehrer aufgrund ihrer Persönlichkeit und Qualifikationen ausgewählt werden und den Schulen nicht von einem mehr oder weniger qualifizierten Mitarbeiter im Landesschulrat auf Grundlage einer Punkteliste zugewiesen werden. Die Reihenfolge dieser Liste basiert auf Examensnoten, sozialem Status und der aufgelaufenen Wartezeit eines Bewerbers, d.h., eine längere Wartezeit erhöht die Zuteilungschancen. In den letzten Jahren hat sich bei der Lehrerzuteilung zwar manches verbessert, d.h., die Schulleiter haben ein – je nach Weisung bzw. Persönlichkeitsstruktur des zuständigen Landesschulinspektors – mehr oder weniger ausgeprägtes Mitspracherecht bei der Rekrutierung neuer Lehrer. Leider befinden sich auf diesen Listen auch Bewerber, die sich vor den Risiken des Lebens fürchten und gerade deshalb Lehrer werden wollen. Wie man solche Lebensverweigerer von diesem wichtigsten Beruf fernhält und diejenigen anzieht, die darauf brennen, tätig und wirksam zu werden, ist eine noch nicht ganz bewältigte bildungspolitische Herausforderung.

Lehrer als Einzelkämpfer
Ein großes Problem ist die hochgradige Individualisierung des Lehrerberufs. Der Anspruch, den sich viele Lehrkräfte stellen, ist zum Teil idealistisch, man möchte zu viel oder gar alles bewegen. Die eigene Erfahrung, die tägliche Erfahrung aber zeigt, dass man dem eigentlich nicht standhalten kann. Eine stärkere Zusammenarbeit zwischen Lehrkräften innerhalb der Schulen, aber auch zwischen den Schulen selbst wäre gefragt. Das kann

erheblich dazu beitragen, dass man gemeinsam Probleme sieht und Lösungen dafür in Gang bringen kann. Das heißt, dass Lehrerteams gemeinsam den Unterricht planen, Probleme besprechen mit Schülern, den Eltern und natürlich auch mit dem Schulleiter. Hier fehlt es in vielen österreichischen Schulen noch an den entsprechenden Arbeitsbedingungen, die die Schule zu einem Ort machen, an dem man sich gerne aufhält, an dem es schön ist, an dem man entspannt und mit Muße arbeiten kann. Kann eine Schule so etwas aus eigener Kraft erreichen? Es gibt in Österreich zahlreiche gute Schulmodelle mit vielversprechenden Ansätzen, wobei es keinen Königsweg gibt, der für alle begehbar ist, schon gar nicht von heute auf morgen.

Ein modernes Unternehmen würde sich die Frage stellen: Wie kann ich das Potenzial, das in den Köpfen dieser Mitarbeiter steckt, nutzen. Es gibt kaum ein Unternehmen, das auf einen so guten Ausbildungsstand wie den, den Lehrer haben, zurückgreifen kann. Da hat jeder eine tertiäre Ausbildung. Wie kann man dieses Potenzial mobilisieren? Das Wissen der Schulen, der Schulleiter und der Lehrer muss vernetzt, abrufbar gemacht und evaluiert werden, Rückmeldungsmöglichkeiten und Unterstützungssysteme in den Schulen müssen geschaffen werden.

Die Gruppe WMSM – Wissensmanagement und Schulmanagement, bestehend aus einer Gruppe von HAK-Direktoren aus allen Bundesländern Österreichs (http://www.dv-bmhs.at), hat seit vielen Jahren in Zusammenarbeit mit dem Ministerium für Bildung im Bereich Wissensmanagement und Schulmanagement entsprechende Aufbauarbeit geleistet.

Schulen brauchen ausreichend Ressourcen, Autonomie, Freiräume und müssen bereit sein, Verantwortung zu tragen und sich internen und externen Evaluierungen in fachlichen und organisatorischen Bereichen zu stellen. Qualitätsmanagement muss sich aber auch auf den Output konzentrieren, d.h. auf die Vergleichbarkeit von Schülerleistungen in einzelnen Schulstufen und natürlich ebenso in abschließenden Prüfungen, auch um festzustellen, ob Schulen und Lehrer ihrer Verantwortung gerecht geworden sind. Die Schule muss alle für einen Erfolg notwendigen Entscheidungen auf der Schulebene treffen können, sonst kann sie keine erfolgreiche Arbeit gewährleisten. Schulleitung und Lehrer müssen daher dazu bereit sein, bei längeren Misserfolgsphasen auch die Konsequenzen zu tragen. Der Erfolg einer Schule lässt sich natürlich nicht so leicht messen wie Umsatzzahlen oder Gewinne von Unternehmen, dennoch zeigen internationale Leistungserhebungen, dass Daten und Fakten aus dem Bildungsbereich über einen längeren Zeitraum Rückschlüsse auf die Qualität in den dafür zuständigen Institutionen, den Schulen, ermöglichen. Lehrer sollten nicht nur die Kinder motivieren wollen, sondern selbst motiviert sein. Schüler brauchen Vorbilder. Aber das können nicht allein Lehrer sein. Ausnehmend gute Lehrer sind Schöpfer eines Bildungsmosaiks, dessen kleine Steinchen die Funktionsweise der Sprache, die Faszination von Zeitreisen oder der Physik mit ihren Quantensprüngen und Hebelwirkungen, die Hörräume der Musik und die Magie der Zahlen abbilden. Gute Lehrer sind auch Scouts, die mit Kindern aus dem Basislager Schule in die Welt hinausgehen, und nicht zuletzt sind sie Meister des Übens, wofür jedoch jeder seinen besonderen Spielraum braucht – übrigens auch die Lehrkräfte. Lehrer sollten sich nicht mehr als Stoffvermittler verstehen, sondern sie sollten auf die Eigenart der Stoffe, der Inhalte und damit im Zusammenhang stehende Aspekte des Lebens und der Menschen eingehen. Gute Lehrer bereiten die Schüler auf die Belastung einer Prüfung vor, setzen Signale der Ermutigung und äußern Lob und Tadel auf eine wertschätzende Weise. Und sie tun das alles auch an schlechten Schulen, umgeben von weniger guten Lehrern, in schwerfälligen Systemen, behindert von so manchen Vorschriften und nicht immer kompetenten Vorgesetzten und oft trotz fehlender Kooperation der Elternhäuser.

Gute Lehrer sind die Garantie für erfolgreiche Schulen: Die Hattie-Studie[14]
Der neuseeländische Bildungsforscher John Hattie hat in einer Studie mit mehr als 800 Metaanalysen, die wiederum 50.000 Einzelstudien zusammenfassen, untersucht, was guten Unterricht ausmacht. Anbei, etwas plakativ formuliert, einige der insgesamt 136 Einflussgrößen, die Hattie in seinem Buch bewertet. Sie geben einen Hinweis darauf, welche Faktoren für sich genommen das Lernen hemmen und welche sie fördern.

Was schadet: Sitzenbleiben, übermäßiges Fernsehen, lange Sommerferien

Was nicht schadet, aber auch nicht hilft: offener Unterricht, jahrgangsübergreifender Unterricht, webbasiertes Lehren und Lernen. Auch der offene Unterricht kann durchaus ertragreich sein – wenn die Schüler dem eigenständigen Lernen gewachsen sind und die Lehrer es gründlich vorbereiten und über seinen Verlauf penibel wachen. Dass beides jedoch anscheinend selten zusammentrifft, darauf verweisen Hatties Forschungsergebnisse.

Was nur wenig hilft: geringe Klassengröße, finanzielle Ausstattung, entdeckendes Lernen, Hausaufgaben

Was mehr hilft: regelmäßige Leistungsüberprüfungen, vorschulische Fördermaßnahmen, lehrergeleiteter Unterricht, Zusatzangebote für starke Schüler

---

[14] http://elsa20.schule.at/uploads/media/hattie_studie_01.pdf.

Was richtig hilft: Lehrerfeedback, problemlösender Unterricht, fachspezifische Lehrerfortbildung, Programme zur Leseförderung, vertrauensvolles Verhältnis zwischen Lehrkraft und Schüler

Hatties Forschungsergebnisse unterstreichen für jeden guten Unterricht vor allem die Bedeutung der Struktur. Das beginnt mit einer stringenten Klassenführung („classroom management"). Ein guter Lehrer darf keine Zeit mit unwichtigen Dingen verschwenden und er muss rasch erkennen, wann er auf eine Störung mit Strenge und wann mit Humor reagiert. Noch höher auf der Hattie-Skala rangiert die „teacher clarity", dass Schüler also verstehen, was der Lehrer von ihnen will. Beide Erfolgsbedingungen für einen gelungenen Unterricht werden stark unterschätzt. Ganze Stunden erweisen sich als wirkungslos, weil der Lehrer zu Beginn nicht klarmacht, worauf es in den nächsten 45 Minuten ankommt. Zwar steuert ein guter Lehrer laut Hattie den Unterricht von der ersten bis zur letzten Minute. Er nimmt hierbei jedoch - das ist das Besondere - immer die Perspektive seiner Schüler ein. Hatties Ideallehrer ist einer, der systematisch seine Selbstzweifel pflegt. Er fragt nicht nur regelmäßig den Lernstand jedes einzelnen Schülers ab mit kleinen Tests, die oft nur zwei, drei Minuten dauern müssen. Gleichzeitig lässt er die Schüler systematisch über seinen Unterricht urteilen. Hattie predigt eine Kultur des Feedbacks, von Lob dagegen spricht er wenig, von Strafe überhaupt nicht. Laut Hattie sollen Rückmeldungen an Schüler stets neutral erfolgen, bezogen allein auf den Unterrichtsgegenstand. Selbstverständlich verfolgt die Schule noch andere Ziele, als die Schüler zu intellektuellen Höchstleistungen zu bringen. Kreativität oder Demokratiefähigkeit, ein Sinn für Ästhetik und fürs Soziale tauchen jedoch in Hatties Listen als Lernziele nicht auf. Ihn interessieren „achievements", messbare kognitive Fachleistungen. Sie sind nun einmal das Kerngeschäft von Schule.

Stellenbeschreibung: Lehrer für das Unternehmen „Schule"
Zwang und Freiheit sind unverzichtbare und integrale Bestandteile des menschlichen Lebens und damit auch der Schule. Die Kategorien Unterordnung, Gehorsam und Disziplin haben nur mehr im Sport einen hohen Stellenwert, in der Gesellschaft sind diese Begriffe aufgrund historischer Missbrauchserfahrungen nicht mehr „in" oder „cool", wie es heutzutage heißt. Dieses Wechselspiel von Zwang und Freiheit begleitet alle Menschen ein Leben lang. „Junge Menschen erkennen sehr wohl, ob sich eine Lehrperson dieser Spannung stellt oder ihr ausweicht, indem er sie einseitig zugunsten des Zwanges oder des laisser-faire löst."[15]

Lehrer müssen erziehen, ihr Fach mit Leidenschaft und Fachkunde unterrichten und soziale Konflikte schlichten. Sie müssen mit immer größeren Leistungsunterschieden innerhalb von Lerngruppen klarkommen, Schulbetrieb und Schulveranstaltungen organisieren, den Kontakt mit Betrieben und Jugendeinrichtungen im Umfeld der Schule pflegen. Lehrer müssen eigene Defizite und die ihrer Kollegen aufzeigen, mit Eltern über Erziehungsaufgaben reden, jedes Kind individuell fördern, Nachhilfe geben, immer ansprechbar und natürlich freundlich sein. Diese Beschreibung steht im krassen Gegensatz zu dem tatsächlichen Bild, das die Gesellschaft von ihren Lehrern hat. Ihre mangelnde Anerkennung in der Öffentlichkeit ist nicht erst seit PISA ein gravierendes Problem. Natürlich gibt es die Lehrer, die sich voller Enthusiasmus und mit vielen Ideen für ihren Beruf einsetzen, die humorvoll sind, natürliche Autorität besitzen und für ihre Schüler ein offenes Ohr haben. Und es gibt Schüler, bei denen dies auf äußerst fruchtbaren Boden fällt. Wenn beides zusammenkommt, ist dies sicher das Geheimnis des Gelingens.

---

[15] Bernhard Bueb: Lob der Disziplin. Eine Streitschrift. Berlin 2007, S. 172.

Lehrer, die aufgrund ihrer Persönlichkeitsstruktur nicht mit einer sogenannten natürlichen Autorität ausgestattet sind, sind nicht automatisch schlechte Lehrer, sie bedürfen einer gewissen Unterstützung durch eine Form funktionaler Autorität innerhalb des Systems Schule, in dem davon auszugehen ist, dass Lehrern von Schülern einen natürlichen Respekt erwarten dürfen, weil sie über eine entsprechende Ausbildung und berufliche Erfahrung verfügen. Den meisten Ärzten begegnen Patienten im Allgemeinen respektvoll, weil sie Informationen über gesundheitliche Probleme und Besserung erwarten. Auch den meisten Lehrern stünde dieser Respekt von ihren Schülern aus ähnlichen Gründen zu. Nur „Starlehrer", die über jeden Zweifel erhaben sind und die von allen respektiert werden, wird es trotz aller Anstrengungen auch in Zukunft nicht in Massen geben.

Das Berufsbild des Lehrers ist ein sehr fragmentiertes, ein Berufsbild der Spezialisierung. Er wird in Österreich normalerweise für ein oder zwei Schulfächer ausgebildet, es gibt wenige Übergänge, das Profil des Lehrerberufs ist ein sehr enges. In vielen der erfolgreichen PISA-Nationen gibt es ein breites Spektrum an Berufsfeldern in der Schule, die dort kreativ und innovativ zusammenkommen. Es ist notwendig, Perspektiven für Entwicklung, Weiterbildung und Professionalisierung zu schaffen. Diese müssen entsprechend unterstützt, finanziert, belohnt werden – in verschiedenster Weise.

Der durchschnittliche österreichische AHS- oder BHS-Lehrer hat die Perspektive, in den nächsten 30 Jahren einmal Oberstudienrat ohne Mehrbezahlung, Bundeslehrer im Hochschuldienst oder Schulleiter mit einer sehr bescheidenen Leiterzulage zu werden. Es gibt im Grunde wenig Verbindung nach außen, zu oft auch wenig Kontakt zur Wirklichkeit außerhalb des Schulgebäudes. Das ist die Realität. Im Pflichtschulbereich sind die Perspektiven noch trister, so finden sich immer weniger Lehrpersonen, die einen Schulleiterposten anstreben, weil zu ihrer Unterstützung weder Administratoren noch sonstiges Verwaltungspersonal vorgesehen ist.

Lehrerbildung – neue Strukturen mit anderen Prioritäten
Es wird erwartet, dass es in wenigen Jahren einen Lehrermangel geben wird. Die Zeiten, in denen man vor einem Lehramtsstudium warnte, sind längst vorbei. Zwischen 2012 und 2020 werden, so die Prognose des zuständigen Ministeriums, etwa 60.000 Lehrer in den Ruhestand treten. Neben der bevorstehenden Pensionierungswelle sorgt auch die Senkung der Klassenschülerhöchstzahlen für neue Lehrerstellen. Damit sollen der Rückgang der Geburtenrate aufgefangen und neue Dienstposten geschaffen werden. Negativkampagnen mit zahlreichen Schuldzuweisungen an die Adresse der Lehrer, geplante und bereits realisierte Uni-Aufnahmetests oder die Einführung von Bildungsstandards, die einen Nachweis über den Lehrererfolg liefern, könnten in Zukunft Auswirkungen auf die Zahl der neuen Lehrer haben. Der Bachelor sollte für bestimmte pädagogische Betätigungsfelder qualifizieren, etwa für Nachmittagsbetreuung, für Kurse in der Erwachsenenbildung, aber nicht für den Unterricht in der Sekundarstufe. Für diese sollte der Master Voraussetzung sein. Universitäten sind im Begriff, die Umstellung des Lehramts vom Diplomstudium auf das Bachelor-/Masterstudium (Bologna-konform) zu implementieren. Damit wird sich die Studiendauer um zwei Semester verlängern. Bachelor- und Masterstudien sind straffer organisiert, ihre Abfolge klarer und unter dem Strich könnte eine kürzere Studienzeit herauskommen.

Uni und PH zusammen?

Derzeit wird zielstrebig eine einheitliche Ausbildung der Lehrer für die Pflichtschulen und für die mittleren und höheren Schulen angepeilt. So Hand in Hand würde damit eine Verzahnung von pädagogischer Hochschule und Uni einhergehen. Ein Kernpunkt dabei ist, dass bei der Lehrerausbildung zu lange – vor allem im Gymnasialbereich – der wissenschaftliche Touch in den Vordergrund gestellt wurde. Das heißt, letzten Endes haben die Damen und Herren Germanisten und Anglisten oder Ähnliches nicht das Berufsziel des Lehrens in den Vordergrund gestellt und erst im Laufe der beruflichen Tätigkeit erkannt, dass sie sich veränderten Rahmenbedingungen stärker anpassen müssen. Der Beruf des Lehrers ist einer der schwierigsten, die wir in dieser Gesellschaft haben, weil ein Lehrer Sach- und Fachkenntnis sowie diagnostische Fähigkeiten mit einem unheimlich hohen Maß an Kommunikationsfähigkeit und Einfühlungsvermögen verbinden muss. Eigentlich müssten Lehrer Tiefen-, Entwicklungs- und Fachpsychologen zugleich sein sowie Sozialkompetenz und Autorität ausstrahlen. Was oft verkannt wird, ist die Tatsache, dass Lehrer den Arbeitsrhythmus vorgegeben bekommen. Sie können sich auch bei schlechter Tagesform einer Klasse nicht entziehen. Das ist in einer Schule nicht möglich. Lehrer sein ist ein sehr anspruchsvoller Vollzeitjob, der aber eigentlich ein eher niedriges Sozialprestige hat. Lehrer müssen sich in einer Situation und mit einer Situation abfinden, die sagt: *Neue Lehrer braucht das Land.* Das ist eigentlich auch ein Urteil über die Qualität oder über die Lehrer, die jetzt an den Schulen unterrichten. Lehrkräfte haben ein großes Problem dadurch, dass sie wahrnehmen, dass sie von außen sehr kritisch beäugt werden und dass man sie verantwortlich macht, sie schon fast zu Buhmännern der Nation erklärt, obwohl es in Österreichs Schulen sehr viele positive Dinge gibt, die mehr in den Mittelpunkt gestellt und der Öffentlichkeit, entsprechend aufbereitet, vermittelt werden müssen.

Auf der anderen Seite glaube ich, dass Lehrkräfte zum Teil in der Gefahr sind, kritische Wahrnehmungen der Schule und ihrer selbst durch eine Reihe von kritikwürdigen Verhaltensweisen einem großen öffentlichen Publikum – ihren Schülern und den dahinterstehenden Erziehungsberechtigten – indirekt zu bestätigen. Lehrkräfte neigen z.B. dazu, sich über Belastungen zu beklagen, die in anderen akademischen Berufsgruppen als selbstverständlich empfunden werden: höflicher, freundlicher, aber sachorientierter Umgang mit ihrer „Kundschaft", unregelmäßige Dienstzeiten, regelmäßige Abteilungsbesprechungen und Schulungen auch außerhalb der Dienstzeit, selbstständige Informationsbeschaffung u.a.

Ein österreichischer Bundeskanzler redete einmal in Bezug auf den Lehrerberuf von einem „Halbtagsjob". Es ist nicht zu leugnen, dass diese Geringschätzung zum Teil hausgemacht ist.

Der Multiplikatoreffekt unprofessioneller, also negativer Verhaltensweisen von Lehrern ist ungleich größer als der positiver. Lehrer können nicht glaubhaft Fleiß und Leistungswillen vermitteln und dann in einzelnen Fällen jede Mehrleistung verweigern, weil sie dazu dienstrechtlich nicht verpflichtet sind. Jede Assistentin in einem Dienstleistungsunternehmen hat heute eine Überstundenpauschale, je attraktiver die Branche ist, wie beispielsweise Werbung oder Medien, umso größeres Engagement für den Kunden wird verlangt. Unter Bildungsforschern ist man sich inzwischen einig, dass der Berufseinstieg die entscheidende Phase in der beruflichen Sozialisation und Kompetenzentwicklung von Lehrern ist. In Österreich nennt man diese Phase derzeit das Unterrichtspraktikum, ein Schuljahr lang wird der angehende junge

Lehrer in Österreich von einem sogenannten Betreuungslehrer zusammen mit anderen Unterrichtspraktikanten oder Fachkollegen an der Schule auf seinen zukünftigen Beruf vorbereitet. Dieses Training wird am Ende von den jeweiligen Betreuungslehrern mit folgender Formulierung bewertet:

Er/Sie hat den von ihm/ihr *erwarteten Arbeitserfolg nicht aufgewiesen, aufgewiesen* oder *erheblich überschritten*, was so viel bedeutet wie: **nicht bestanden, bestanden** oder **mit Auszeichnung bestanden.**

Der Praktikant lernt in dieser Phase seine Sorgen, Nöte und Ängste mit anderen Lehrern zu teilen. Es geht um den ganz normalen Alltag in der Schule, aber auch um den Umgang mit Schulleitung, Eltern und Schülern und allenfalls daraus resultierenden Konflikten sowie Themen aus aktuellem Anlass. Die Angst vor Überforderung, vor einem möglichen Burnout – die schwebt über den Köpfen so mancher junger Lehrer. Es gibt in Österreich derzeit geringe Chancen für Unterrichtspraktikanten (UPs), eine Anstellung mit voller Lehrverpflichtung zu bekommen. UP mit einer ausgezeichneten Beurteilung haben bessere Chancen auf eine wenigstens befristete Anstellung.

Es gibt es **drei Dinge**, die absolute Priorität in der zukünftigen Lehrerbildung haben müssen:

Erstens, wir brauchen einen Professionsbezug. Das heißt, der Lehrerberuf muss im Mittelpunkt stehen. Die beruflichen Fähigkeiten und Fertigkeiten müssen im Mittelpunkt stehen. **Zweitens**, wir brauchen ein Ende der Beliebigkeit innerhalb der Inhalte, die wir jetzt an den Universitäten noch hie und da haben. Durch die Freiheit von Forschung und Lehre haben wir sehr viele breite und weite Felder, die Professoren abstecken und darüber dann Veranstaltungen machen. Und der **dritte Punkt** ist: Wir brauchen Anschlussfähigkeit. Wenn die jungen Leute ins Unterrichtspraktikum kommen, wissen die Ausbilder dort nicht, was sie eigentlich für Kompetenzen erworben haben. Die Anschlussfähigkeit muss durch eine Bestimmung der Kompetenzen gesichert sein.

Wir brauchen den professionelleren Lehrer und nicht den Fachwissenschaftler. Dies erfordert Praxisbezug und Verbindlichkeit der Inhalte der Ausbildung von Lehrerinnen und Lehrern, sowohl in der ersten, d.h. der universitären Phase, als auch später. Es gibt für die meisten Fächer schon Kerncurricula. Das heißt, die Beliebigkeit bzw. Freiheit der Universität ist zumindest theoretisch beendet. Die Lehrerausbildung an der Uni und an außeruniversitären Einrichtungen braucht erfahrene Leute aus der Praxis, die an den Entscheidungen an der Universität auch inhaltlich teilhaben. Die Universität alleine, das ist doch völlig logisch, wird sich, auch in der Ausbildung, auf theoretische Aspekte beschränken. Sie muss diese organisatorisch permanent verzahnen und eben auch begleitende Praktika für die Studierenden vom ersten Semester an etablieren, damit der Praxisschock nicht so groß ist. Der Lehrerberuf muss möglicherweise sehr viel selektiver werden, als er bisher war, und unterstreichen, wie hoch die Anforderungen sind. Das kann mit Beratung, aber auch mit Diagnostik unterstützt werden, also einer qualifizierten wissenschaftlichen Fundierung, die berufsfeldbezogen ist. Die lehrerbildenden Hochschulen und die erziehungswissenschaftliche Forschung brauchen Laborschulen als Experimentalspielräume, um Alternativen systematisch und vorausgreifend zu erproben. Pädagogische Hochschulen, die hierfür die Verantwortung übernehmen, können dadurch nicht nur feststellen, was der Status quo ist, sondern werden so zu Orten einer veränderten und praxisnahen Lehrerbildung. Darüber hinaus ist es wichtig, dass ein massives

Evaluationssystem eingeführt wird, das auch für die Universitäten und für die pädagogischen Hochschulen gilt. Evaluation sollte durch Beobachter, Partnerschulen und Erfahrungsaustausch erfolgen, gelegentlich durch Beobachtung und Beschreibung einzelner Schulen, denen ihre Sache gut gelingt. Ich glaube, dass all die schönen Evaluationen Konsequenzen haben müssen, d.h., dass auch die Kollegen an den Universitäten oder in den PHs und natürlich auch im UP, wenn sie die Qualität der Ausbildung für die Lehrkräfte nicht erreichen, das in angemessener Form zurückgemeldet bekommen sollten, möglicherweise auch in Form von Anreizen oder Sanktionen. Das, was für die Schule gilt, muss es sicher auch für die Lehrerausbildung geben: Rückkopplung und Qualitätsmanagement. Natürlich ist dies alles nicht von heute auf morgen zu ändern. Denn Personalentwicklung und -führung außerhalb der Schule wird in dieser Gesellschaft einen immer wichtigeren Stellenwert bekommen. Und jemand, der eine solide Grundausbildung in Pädagogik hat und auch noch etwas von einer Sache versteht, weil er zwei Fächer studiert hat, wird auch für die Wirtschaft attraktiv sein.

Fehlende Unternehmenskultur in Österreichs Schulen
Schulen haben keine betriebliche Organisation – ihre formale Struktur ist jenseits der Wahrnehmbarkeit: ein Direktor – der wenig bis nichts zu sagen hat – und manchmal über 100 Lehrer, die überwiegend einsam und allein vor sich hin werken. Es gibt – von einigen schultypspezifischen Ausnahmen oder Versuchsmodellen abgesehen – hier kein mittleres Management mit klaren Verantwortungsbereichen und Kompetenzen, damit existiert auch keine Verantwortung, keine Unterstützung für die einzelnen Lehrer und keine Sanktionen für Fehlverhalten. Jeder Schulpraktiker kennt sie, die Lehrer, die entweder fachlich oder menschlich, im Extremfall fachlich *und* menschlich völlig ungeeignet für ihren Beruf sind. Aber es gibt kein Regulativ gegen sie,

das Dienstrecht entspricht nicht mehr den Anforderungen dieses anspruchsvollen Berufs. Die Behauptung, dass sich ein Biologielehrer oder Geografielehrer nach 30 Dienstjahren täglich auf den Unterricht vorbereitet, ist genauso falsch wie die Annahme, dass man die psychische Belastung von 50 Minuten in einer Klasse mit 30 Kindern mit irgendeinem anderen Beruf auch nur annähernd vergleichen kann. Jeder, der einmal in einer Klasse gestanden ist, wird das bestätigen. Daher ist die Gesamtarbeitszeit eines Lehrers, der seine Verantwortung wahrnimmt, durchaus mit jener in der Privatwirtschaft vergleichbar. Eine bessere öffentliche Transparenz hinsichtlich der Leistungen der Lehrer wäre zu erzielen, wenn man für sie in den Schulen zumutbare Arbeitsplätze schafft und Lehrer dafür aber auch zur Anwesenheit innerhalb eines festgelegten Zeitraums <u>verpflichtet</u>.

Schulleiter für autonome Schulen
Wenn wir nicht auch bei den Schulleitern Grundsätzliches ändern, nämlich dass diese sich Unternehmereigenschaften und -kompetenzen aneignen, sich an die Spitze ihrer Schule setzen und Verantwortung nach innen und außen tragen, werden die Schulen nicht besser werden. Die Anwerbung von Schulleitern ist ein schwieriges Geschäft. Die vielen, die bereit sind, wenn man ihnen die Freiräume gibt, es zu machen, müssen wir aktivieren und wir müssen uns fragen, wie wir mit denjenigen fertigwerden, die dies eben offensichtlich nicht wollen. Freiheit gehört zu den Dingen, die man sich nehmen muss. Nur zur Sklaverei kann man gezwungen werden. Das heißt, die Betroffenen müssen diese Freiheit wollen. Das ist wiederum ein Prozess. Dazu gehört sicher, dass sie, wenn sie mit Freiräumen der Selbstverwirklichung und ihrem individuellen Ansatz als Lehrer ihren Unterricht in der Schule machen wollen, auch mehr Zeit in der Schule zur Verfügung haben. Übrigens ist ein Aspekt aus meiner Sicht, dass mittel- und langfristig die Tendenz zur Ganztagsschule sowieso

unvermeidlich ist, um Angebote wie individuelle Förderung und interne Kooperation der Lehrer zu ermöglichen. Direktoren müssen sich ihre Lehrkräfte selbst aussuchen können, damit diese das individuelle Schulprofil gewährleisten und Qualitätssicherung umsetzen können. Allerdings ist die derzeitige Direktorenbestellung reformbedürftig. Vor allem die Direktorenbestellung durch die Kollegien in den Landesschulräten (im Stadtschulrat) ist nicht mehr zeitgemäß und professionell, denn diese Kollegien werden nach dem Proporz der Parteien gemäß der jeweiligen Landtagswahl besetzt. In einer modernen Schulgesellschaft sollte es unmöglich sein, dass bei den Direktoren zuerst die Parteifarbe zählt, dann die Zeit, die sie auf den Posten warten. Es darf allerdings auch kein Makel sein, eine politische Gesinnung zu haben. Lobbying der politischen Parteien bei der Bestellung von Direktoren ist wie in allen anderen wichtigen Gesellschaftsbereichen ein legitimes Geschäft, wenn dabei das eigentliche Auswahlverfahren unter Anwendung nachvollziehbarer und transparenter Assessmentkriterien durchgeführt wird. Es gibt noch immer keine bundesweit anerkannten Rekrutierungsvorgaben für die Bestellung von Schulleitern, obwohl sich einzelne Bundesländer in diese Richtung sehr bemühen und durchaus Fortschritte zu verzeichnen sind. Wie in allen oder in vielen anderen Berufsfeldern gibt es eine Verdichtung des Arbeitsprozesses der Lehrer – sie müssen mehr machen, die Probleme, mit denen sie sich auseinanderzusetzen haben, vervielfachen sich. Deshalb braucht der Lehrer Freiräume, die dadurch geschaffen werden können, dass einzelne Bereiche des Arbeitsprozess von der Schule, vom Lehrer auf andere Experten und Institutionen übertragen bzw. ausgelagert werden, die Erkenntnisse und Ergebnisse aber für alle Beteiligten im Bildungsprozess rückintegrierbar bleiben.

Kapitel V:
Lehrer gestern und heute

Lehrer haben immer zwei Aufgaben gehabt: Wissen zu vermitteln und zu erziehen, wobei die Erziehungsfunktion aufgrund des Versagens eines Teils der Eltern oder anderer Bezugspersonen immer wichtiger und schwieriger geworden ist. Lehrer wurden für diese neuen Herausforderungen weder ausgebildet, noch werden sie dafür entsprechend honoriert. Seit dem österreichischen literarischen Negativbeispiel „Gott Kupfer" im Schulroman Torbergs aus dem Jahr 1930 hat sich in der Schule vieles verändert. Die Beziehung zwischen Lehrern und Schülern ist persönlicher geworden. Es gibt ein größeres Mitspracherecht aufseiten der Schüler und Eltern als früher. Auch ein Einspruchsrecht gegen vermeintlich ungerechte Benotung wurde eingeführt. Trotzdem ist der Roman *Der Schüler Gerber* nach wie vor aktuell: Es ist noch immer möglich, dass ein Lehrer einen Schüler psychisch zerstören kann. Es gibt Lehrer wie Professor Kupfer, die überheblich sind, keinerlei Kontakt zu den Schülern suchen und ihr Fach als das Wichtigste im Leben ansehen ohne Verständnis dafür, dass das für die Schüler vielleicht nicht so ist.

Lehrer in Hauptrollen finden wir auch in zahlreichen modernen Beispielen auf der Kinoleinwand und auf Fernsehbildschirmen. Werfen wir einen etwas genaueren Blick auf einige dieser „Starlehrer".

Beispiel 1: Mr. Keating in *Club der toten Dichter*
Die Geschichte vom Englischlehrer Keating, der im repressiven Internat seinen Schülern die Botschaft von der individualistischen Selbstfindung bringt, lässt keine Chance aus, das Publikum auf die Seite des Guten, Wahren, Schönen zu ziehen. Ganz allmählich

begreifen die Jungen, die daran gewöhnt sind, Vorgedachtem in selbstloser Disziplin zu folgen, den Appell Keatings ans eigene Denkvermögen: Poesie ist nicht länger Lehrgegenstand, sondern Motor individueller Träume und Taten, sie wird zum Sinnbild für unterdrückte Eigenständigkeit. Der Film, vollgepfropft mit Sentimentalitäten, wirkt – wenn auch manipulativ – überzeugend und ist als visionärer Denkanstoß trotz aller Vorbehalte sicher wertvoll.

Beispiel 2: *Dangerous Minds* mit Michelle Pfeiffer
Grundlage für den Film ist die autobiografische Erfahrung einer Marinesoldatin. Sie versucht, eine Schulklasse von sozial unterprivilegierten, renitenten und schwer erziehbaren Kids in einem langsamen, quälenden Prozess auf Vordermann zu bringen und ihnen damit die Aussicht auf eine Zukunft zu gewährleisten. Komplexe soziale Zusammenhänge werden hier ebenso verdrängt wie politischer Tiefgang. In dem Moment, in dem Michelle Pfeiffer das Klassenzimmer zum ersten Mal betritt, sind die Weichen bereits dahingehend gestellt, dass sie die harte Schale ihrer Schüler mit unkonventionellen Methoden knacken wird. Eine Werbung für den Lehrberuf, mit allen Tricks der geheimen Verführer dieser Branche.

Beispiel 3: *Dr. Specht* – deutsche Fernsehserie zum Thema Schule
Specht entspricht so recht dem populärwissenschaftlichen Idealbild des Lehrers als Polit-, Beziehungskisten- und Sozial-Ingenieur. Spechts Schule verhält sich zu wirklicher Schule wie die Schwarzwaldklinik zu einem echten Krankenhaus.

Beispiel 4: *Entre les murs* (deutsch: *Die Klasse*)[16] – fast schon ein Dokumentarfilm für Schule heute

Schauplatz des Films ist das Collège Françoise Dolto, eine sogenannte Problemschule im 20. Arrondissement, ein Pariser „Banlieue", also Randbereich französischer Großstädte. In diesen Vierteln ist der Anteil an Sozialwohnungen und Immigranten vergleichsweise hoch. Die Lehrerkollegen haben die besten Absichten, ihren Schülern das notwendige Wissen beizubringen und sich nicht entmutigen zu lassen. Im Klassenraum mit 14- bis 15-jährigen Schülern unterschiedlicher Nationalität prallen Meinungen und Kulturen aufeinander, ein Mikrokosmos des heutigen Frankreichs und seiner ganzen ethnischen Vielfalt. Ein engagierter Französischlehrer gibt trotz aller Widrigkeiten nicht auf, weicht Konfrontationen nicht aus, kämpft gegen Leistungsverweigerung und Aggression, fördert mit unkonventionellen Methoden die Stärken der Jugendlichen und gibt eigene Schwächen zu. Er spielt auf Risiko und gewinnt für alle ein Stückchen mehr Gerechtigkeit und Demokratie. François verkörpert einen Französischlehrer, der zwar engagiert und optimistisch seinem Beruf nachgeht, aber mitunter auch fehlbar und menschlich ist. So kann er weder plausibel erklären, warum die Beherrschung der „veralteten" Sprachform im Französischen notwendig ist („Verlasst euch auf eure Intuition"), noch gelingt es ihm, einen „Problemschüler" zu zähmen. Zudem vergreift er sich im Wortschatz („Schlampen") und wirkt in einigen Szenen hilflos und unsicher, wie beispielsweise bei einer Eskalation im Klassenzimmer. Der Film *Entre les murs (Die Klasse)* hebt sich wohltuend von den anderen erwähnten Filmen oder Serien zum Thema Schule ab. Obwohl der Film ein Spielfilm ist, wirkt er wie ein Dokumentarfilm – der Inszenierungsstil erzeugt Unmittelbarkeit und Authentizität.

---

[16] http://www.dieklasse-film.de.

Beispiel 5: Zurück zur Realität – Blitzlichter auf einen ganz normalen österreichischen Lehreralltag[17]

„Es ist 07.30 Uhr, mit einer Kollegin betrete ich die Schule. Natürlich rauchen trotz Verbots einige Schüler vor dem Eingang, die meisten verschwinden, einer bleibt stehen, mit provozierender Langsamkeit bewegt er sich, erklärt, er habe keine Ahnung, dass hier Rauchverbot sei. Wir gehen die Stiegen hinauf und drehen uns noch einmal um, der Schüler steht wieder da. In der ersten Stunde unterrichte ich in der fünften Klasse. Gestern gab ich die Hausübungen zum Thema Zivilcourage im Alltag zurück. Es war danach zu einer überraschend heftigen Diskussion gekommen, weil ein Schüler aus einem anderen Herkunftsland geschrieben hatte, er würde im Streitfall nie gegen seine eigene Gruppe aussagen, auch wenn diese im Unrecht sei. Man ereifert sich, er verteidigt sich, und dann sagt er, er wäre sonst für immer ein Verräter. Ich denke nach, ich verstehe ihn plötzlich. Heute ist es ruhiger und wir beschäftigen uns mit Stefan Zweig in Salzburg. Der Stoff interessiert die Schüler, sie merken auf und stellen Fragen. Besonders Zweigs Selbstmord beschäftigt sie. Eine geglückte Stunde, denke ich. Die zweite Stunde verläuft ähnlich positiv. Die Klasse ist ehrgeizig und konzentriert trotz ihrer Größe: Es sind 33 – da dauert das Korrigieren schon etwas länger. Die nächste Stunde ist unterrichtsfrei. Ein Berg an Verwaltungsarbeit wartet auf mich. Für das Theaterprojekt – wir führen in der Schule eine Theatergruppe – muss ich Ansuchen stellen und begründen, Formulare ausfüllen, 20 Seiten Förderrichtlinien studieren, Berichte schreiben, Überzeugungsarbeit leisten. Qibb steht auch noch an, das Qualitätsmanagement im berufsbildenden Schulwesen zur Evaluierung der Fachkoordination und zur Transparenz der Leistungsbeurteilung, aber das Ausfüllen des

---

[17] Fleischer, Ulrike: Blitzlichter auf den ganz normalen Lehreralltag, in: Salzburger Nachrichten, 13.03.2009.

Fragebogens geht schnell. Offen bleibt noch das Telefonat mit der Theaterpädagogin: Die Modularisierung – bei uns läuft seit Herbst ein Schulversuch, bei dem es ab der dritten Klasse kein Wiederholen mehr gibt – erfordert jetzt Wiederholungsprüfungen nach jedem Semester, ein Termin am Nachmittag kollidiert deshalb. Und auch die Anrufe bei ÖBB, Jugendherberge und im Akademietheater stehen noch an: Die Teilnehmerzahl für die Wienfahrt hat sich geändert. Ich freue mich auf die Exkursion, wir erleben Wien um die Jahrhundertwende sozusagen am Tatort. (Obwohl die Erwartungen der Schüler an mich manchmal bizarr werden. Vorwurfsvoller Ton: ‚Das Waschbecken in meinem Zimmer ist schmutzig'.)

Die nächste Stunde liegt mir schwer im Magen. Es ist eine erste Klasse (9. Schulstufe)[18], ich nenne sie ‚Die Klasse'. Assoziationen zum gleichlautenden französischen Film sind leider realistisch. Von den 24 Schülern und Schülerinnen stammen drei aus Österreich, die anderen aus neun verschiedenen Nationen. Viele sind in unserem Schulwesen schon einmal gescheitert, würden lieber eine Lehre machen. Wird es mir so gehen, wie einer Kollegin neulich, die nach ihrer sexuellen Auslastung gefragt wurde, weil sie so schlecht gelaunt sei? (In etwas anderer Wortwahl). Als ich eintrete, sitzt ein Schüler auf meinem Sessel, die Füße auf dem Lehrertisch. Erst nach Aufforderung erhebt er sich. Eine Arbeitssituation zu erzeugen ist mühsam. Der Ton ist rau und distanzlos, untereinander ebenso wie zu mir. Zu spät Kommende reagieren patzig bis aggressiv auf mein Nachfragen. Ein Teil findet sein Buch nicht mehr, ein Teil sein Heft, andere haben kein Schreibzeug mit. Die Hausübung haben diesmal sogar zwei Drittel gemacht. Ich erkläre, wie wichtig es für sie sei, besser deutsch zu

---

[18] In den fünf- und dreijährigen berufsbildenden Schulen und in den Oberstufengymnasien beginnen die eintretenden Schüler in der ersten Klasse.

sprechen. Der ukrainische Schüler aus der hinteren Reihe schreit daraufhin heraus: ‚Deutsche Sprache – Hitler-Sprache'. Wieder ist die Aufmerksamkeit viel zu lang dahin und kein Arbeiten möglich. Die Anstrengung ist groß, der Output gering. Wie gering, merke ich noch deutlicher zu Hause beim Korrigieren, wo ich mich selbst massiv infrage stelle. Nach der Sprechstunde noch zwei Stunden, die viel Einsatz erfordern, weil die Schüler schon müde sind, die aber gut verlaufen; dann ist das Offizielle vorbei. Als ich schon meinen Mantel anhabe, schaut die Kollegin aus der Administration herein und sagt, ich hätte das Formular zur Abrechnung der ESF (Europäischer Sozialfond)-Projekte (das sind zwei zusätzliche Stunden Deutsch für ‚Die Klasse', die teilweise von der EU bezahlt werden) noch nicht abgegeben, das müsse sie heute noch ins Monitoring eingeben.

Jetzt bleibe ich gleich in der Schule, denn heute besuche ich mit meiner ‚Klasse' das Theaterstück KomA [über einen Amoklauf an einer Schule, Anm. d. Autorin], das um 18.00 Uhr beginnt."

Fazit:
Das Beispiel 5 bezieht auf sich die Bundeshandelsakademie I Salzburg, in der ich 17 Jahre lang Schulleiter war. Eine von mir sehr geschätzte Kollegin schildert darin sachlich und nüchtern die Veränderungen, mit denen sich Lehrer und Schulen heute auseinanderzusetzen haben. In der heutigen Schulrealität werden wir mehr Sozialarbeiter und Schulpsychologen brauchen, die die Lehrer in ihrer Sozialarbeit unterstützen und entlasten. Das geschieht in anderen Ländern schon seit einiger Zeit. Das kostet natürlich Geld, aber es ist langfristig kostengünstiger und trägt auch zum sozialen Frieden bei.

Trotz aller Vorbehalte gegenüber fiktiven, visionären Bildern von Lehrern (siehe oben die Beispiele 1, 2 und 3), die ihre

Begeisterung auf ihre Schüler übertragen können, aber in der Schulrealität wahrscheinlich nicht dieselben Erfolge verzeichnen könnten wie in ihren Filmen oder Fernsehserien, bieten diese zumindest Visionen für den Beruf Lehrer. Es wäre doch schön, wenn wir unsere Schüler begeistern könnten, ihr Interesse entfachen und sie von sich aus, freiwillig und ohne Zwang zur Auseinandersetzung mit Bildungsinhalten bringen könnten. Die unweigerliche Frage, was dann aus denen wird, die kein besonderes Interesse haben, bleibt hier Nebensache. Hier ist die Gerechtigkeits- und Generalisierungsfrage nicht angebracht. Das Interesse und erst recht seine Passion teilt man nie mit allen. Eine lebendige Schule braucht vor allem Lehrer mit einem Engagement, das über die formalen bürokratischen Erwartungen hinausgeht.

Lehrerbewertung: Prozessevaluation oder Momentaufnahme
Evaluierungen von Lehrern, durch wen auch immer, können Teilantworten auf die Frage „Wer oder was ist ein guter Lehrer?" geben, dennoch sind Bildung und Erziehung ein zu komplexer Prozess, der sich Versuchen der Messung aller seiner Teilaspekte immer irgendwie entziehen wird. Eine fachbezogene und pädagogische Evaluierung der Lehrer auf der Basis einvernehmlich festgelegter und sowohl intern wie extern nachvollziehbarer Bewertungskriterien ist ein unverzichtbarer Bestandteil in jedem Qualitätssicherungssystem von Schulen. Jedes gute Unternehmen verfügt über eine Art Qualitätssicherung.

Trends im IT-Zeitalter
Eigentlich ist es ein Wunder, dass in Österreich noch niemand auf das Geschäft der Online-Lehrerbeurteilung gekommen ist. In Deutschland haben (unter spickmich.de) 800.000 Schüler schon mehr als 350.000 Lehrer beurteilt, mit Bewertungen von „fachlich kompetent" über „menschlich" bis „cool" (die Kategorie „sexy" wurde nach Protesten abgeschafft). Aber im Grunde ist

Spickmich harmlos, denn es kratzt lediglich an der Oberfläche einer tatsächlich gefährlichen Entwicklung: dem Internet-Bashing. Dieses trifft Menschen wie Unternehmen und Behörden. Diffamieren lässt sich im digitalen Zeitalter sehr viel einfacher. Wer im Netz an passender Stelle – in Foren, oft gelesenen Blogs oder auf Produkttestseiten – andere angreift, kann davon ausgehen, dass die Nachricht nicht mehr wegzuradieren und nicht mehr zu vergessen ist. Das Internet vergisst nicht – das kann positiv wie negativ sein. Die Frage eines angemessenen Umgangs mit diesem Archiv der Welt ist aktueller denn je. In Österreich können Studentinnen und Studenten unter **MeinProf.at** ihre Universitätsprofessoren bewerten. Man muss kein Prophet sein, um die Einführung ähnlicher Bewertungen für alle Lehrerinnen und Lehrer vorherzusagen. Rückmeldungen in anonymisierter Form sind ein Zug des Internetzeitalters. In Deutschland haben Richter übrigens schon die ersten Klagen von Pädagogen, die sich an den Pranger gestellt fühlten, abgewiesen: Das Grundrecht auf freie Meinungsäußerung schließe die Benotung von Lehrern ein. Die österreichischen Lehrerinnen und Lehrer sollten sich rasch argumentativ wappnen, denn die Internetbeurteilung lässt grundsätzliche Fragen ungelöst: Erstens haben Rückmeldungen von einem, zwei oder drei Studenten kaum jene Aussagekraft, die für ein nützliches Profil unumgänglich ist. Zweitens schwanken manche Beurteilungen zwischen bestellt wirkender Liebedienerei (natürlich mit voller Namensangabe) und selbstverständlich anonymisierter Affektabfuhr. Drittens besteht – und dazu muss man kein eingefleischter Fan von Lehrergewerkschaften sein – die Gefahr von existenzschädigenden Bloßstellungen: etwa wenn in Deutschland die Bild-Zeitung Fotos unter der Schlagzeile „Das sind Frankfurts schlechteste Professoren" abbildet – auf einer Bewertungsbasis von 10 bis 20 Studenten. Internetnoten sind eine interessante Momentaufnahme, nicht weniger, nicht mehr.

Kapitel VI:

Primärer sozialer Effekt versus sekundärer sozialer Effekt

(= Leistungspotenzial des Kindes versus Auswirkungen sozialer und wirtschaftlicher Unterschiede)

Teil 1: **Wovon hängt das Leistungspotenzial eines Kindes ab?**

Dass Leistung vielerorts negative Assoziationen weckt, ist bedenklich. Freude, Lust an Leistung ist doch etwas Erfreuliches und unglaublich motivierend. Herzensbildung ist dabei genauso wichtig wie kognitive Bildung und zusammen mit Disziplin (im Sinne von Maß halten) sind Leistung und mit dieser verbundene Erfolge oder Misserfolge wesentliche Bestandteile des Lebens. Die Frage, was als Höchstleistung, als Sieg in der Lebensschule anzusehen sei, ist nur individuell zu beantworten. Wir müssen ein Umfeld schaffen, in dem es Kindern möglich ist, ihre Sinne auszudifferenzieren. Die Bedeutung der Vermittlung von Techniken und Ausdrucksmöglichkeiten, wie sie z.B. im Bereich der Theaterpädagogik erfolgt, ist für den Gesamtlernertrag als sehr hoch einzuschätzen. Die Lust auf Theater an Schulen ist groß: Bemerkenswert ist, dass sich Aktivitäten im darstellenden Spiel deutlich verstärkt haben – und dies, obwohl die PISA-Studie die Aufmerksamkeit vorrangig auf die Kernfächer zu konzentrieren schien.

„**In die Schule geh ich gern, weil ich dort so vieles lern!"**
Ja, Schule ist immer noch ein Ort des Lernens, wenn auch des Öfteren die Frage im Raum steht: „Wozu brauch i denn dös?" Die heutigen gesellschaftlichen Herausforderungen machen es der

Institution Schule noch schwerer, ein Ort zu sein, an dem Schüler wirklich gerne sind und sich wohlfühlen.

Schulen in größeren urbanen Bereichen werden zum Teil von Schülern frequentiert, denen von ihren Eltern die wichtigsten Regeln und Werte des zwischenmenschlichen Umgangs nicht mitgegeben wurden. Ein anderer Teil der Kinder gehört zu einer vernachlässigten Generation, die von ihren Eltern nicht die notwendige Zeit und nicht genügend menschliche Zuwendung bekommen. Andererseits gibt es heute eine überforderte Generation, die von ihren oft überehrgeizigen Eltern deren eigene Glückskonzepte und Glückserwartungen aufgezwungen bekommt mit dem Ergebnis, dass viele dieser Kinder an übertriebenen Erwartungen zerbrechen. Gesellschaftliche Entwicklungen sind Tatsachen, die Auswirkungen auf viele Bereiche haben.

Autorität und Erziehung sind untrennbar miteinander verbunden, Erziehung ohne Autorität ist nur sehr bedingt möglich. Der deutsche Kinderpsychiater Michael Winterhoff[19] erstellte einen zwar vielleicht zu einfachen, aber diskussionswürdigen Befund: Die Eltern trauten sich nicht mehr, ihre Kinder „vertikal" zu erziehen – also aus der Sicht des Älteren, Weiseren und Stärkeren –, sondern behandelten sie wie gleichberechtigte Partner. Anstatt sie unter Zuhilfenahme klarer Regeln und Grenzen zu erziehen, verstießen sie gegen neurologische Gesetze und hemmten dadurch die Entwicklung des Kindes hin zu einem gemeinschaftsfähigen Wesen. Dadurch würden die Kinder gleichzeitig überfordert, weil sie dieser Rolle aufgrund ihrer psychischen Entwicklung nicht gewachsen seien, und sie würden unterfordert, weil sie auf dem

---

[19] Michael Winterhoff: Warum unsere Kinder Tyrannen werden: Oder: Die Abschaffung der Kindheit. Unter Mitarbeit von Carsten Tergast. Gütersloh 2008.

Entwicklungsniveau von Kleinkindern stecken blieben. Das spätere Verhalten der Kinder werde – mit altersbedingten Variationen – geprägt vom ständigen Bedürfnis nach Aufmerksamkeit, dem Lustprinzip (nur das zu tun, was sie gerade wollen) und der Verweigerung von Leistung in der Schule (und später im Beruf).

Teil 2: **Auswirkungen der sozialen und wirtschaftlichen Unterschiede (sekundärer sozialer Effekt versus primärer sozialer Effekt)**

Insgesamt zeigt sich, dass Jugendliche in gegliederten Schulsystemen im Schnitt weder besser noch schlechter abschneiden als Jugendliche in Systemen mit nur einem Schultyp. Allerdings spielt das Elternhaus beim Schulerfolg eine größere Rolle, je früher die Kinder auf verschiedene Schultypen verteilt werden. Deutschland ist neben Österreich das einzige OECD-Land, in dem Kinder schon im Alter von zehn Jahren verschiedene Bildungswege einschlagen. Auch bei den Naturwissenschaften werden Leistungsunterschiede durch den sozioökonomischen Status der Eltern erklärt. Innerhalb der OECD spielt nur in Luxemburg, Ungarn, Frankreich, Belgien und der Slowakei das Elternhaus beim Bildungserfolg eine ähnlich große Rolle.

Der Einfluss auf die Leistungen durch den Migrantenstatus
Es gibt sehr erfolgreiche und weniger erfolgreiche Migrantenkinder, die Ursachen dafür liegen in deren Familien. Sind folgende Aussagen nur Vorurteile oder haben sie in manchen Städten Österreichs einen Bezug zur erlebten Realität?

Für manche junge Migranten gilt die Ehrfurcht vor Älteren offenbar nur in der Familie. Da taucht das grundsätzliche Problem auf, dass diese Menschen unter Familie etwas anderes verstehen als die Mehrheit der Österreicher. Als Autorität wird außer dem Vater niemand akzeptiert. Mit dieser Einstellung haben die jungen Migranten nach Abschluss der Hauptschule, den die meisten mit Mühe schaffen, ein großes Problem als Lehrling. Einem türkischen Mann verbietet es seine Ehre, sich von einem Familienfremden etwas sagen zu lassen. Also brechen die meisten die Lehre ab und übersiedeln in irgendeinen Ort, wo sie dem Fußball nachjagen. Der Ort wird als ihre Domäne betrachtet. Das Machotum der türkischen Männer ist kulturell angelegt. Necla Kelek[20], streitbare Deutschtürkin, hat das in ihren Büchern beschrieben. Im Alter von 12, 13 Jahren werden türkische Buben einer Beschneidung unterzogen. Die Mannwerdung unter Schmerzen macht den türkischen Mann stark, nun kann ihm niemand mehr etwas befehlen. Diese Haltung macht junge Türken oft auch unfähig, sich in eine Schul- oder Arbeitsordnung einzufügen. In manchen Volksschulen Wiens zum Beispiel beträgt der Anteil von Kindern mit nicht deutscher Muttersprache bis zu 90 Prozent. Wer kann, gibt sein Kind in eine andere Schule. Bildung wird so vor allem ein soziales Problem!

Die Lösung für die meisten Herausforderungen der Bildungspolitik ist die **staatlich finanzierte und für eine mindestens zweijährige Vorschulzeit festgelegte verpflichtende Frühförderung!!!**

Der Erwerb der Muttersprache bzw. der Erstsprache beginnt spätestens mit der Geburt und ist bei Schulbeginn noch nicht abgeschlossen. Wenn ein Kind bei Schuleintritt laut der inzwischen eingeführten Sprachstandserhebung noch zu große Defizite aufweist, kann es dem Unterricht nicht folgen und braucht Unterstützung. Diskutiert werden je nach Anzahl der betroffenen Kinder sogenannte „Ausländerklassen" für das intensive Lernen

---

[20] Necla Kelek: Chaos der Kulturen, Köln 2012.

der deutschen Sprache oder Integrationsklassen mit Sonderbedarfsförderung, wie das im österreichischen Beamtendeutsch heißt. Deutsch wird natürlich in der Volksschule weiterentwickelt, weil die Sprache wichtig für die Entwicklung allgemeiner kognitiver Fähigkeiten ist. Kinder sprachlicher Minderheiten können nur dann lesen und schreiben lernen, wenn die mündlichen Voraussetzungen für die Unterrichtssprache Deutsch gegeben sind. Sprachliche Probleme zeigen sich oft nicht so klar im Alltag, aber vor allem bei der Verwendung abstrakter Begriffe. Defizite in der Unterrichtssprache Deutsch haben negative Folgen auf die gesamte weitere Schullaufbahn und sind die Ursache der schlechten Ergebnisse vieler Migrantenkinder bei der Erfüllung der Bildungsstandards.

Die Bildungspolitik in Deutschland und Österreich hat die richtigen Schlüsse gezogen, indem nationale Bildungsstandards für verschiedene Fächer formuliert wurden, deren Erreichen überprüft werden soll. Die Schullaufbahn eines Kindes entscheidet sich in Deutschland und Österreich in den meisten Fällen in der vierten Klasse – manche Schüler sind da noch nicht einmal zehn Jahre alt. Wenn ein Kind am Ende seiner Grundschulzeit nicht auf das Gymnasium wechselt, können dafür zwei ganz verschiedene Gründe vorliegen: Das Leistungspotenzial des Kindes ist nicht groß genug – oder aber es wurde nicht erkannt, nicht genug gefördert, von Eltern oder Lehrern nicht richtig eingeschätzt. Externe Überprüfungen der nationalen Bildungsstandards werden zwar durchgeführt, haben aber keinen Einfluss auf die weitere Schullaufbahn der Kinder. In den Städten besuchen aufgrund ihrer Schulnoten wesentlich mehr Kinder ein Gymnasium als auf dem Land. Im Zuge externer Bildungsstandardüberprüfungen wurde jedoch des Öfteren nachgewiesen, dass ein Reihe der von Schulen auf Notenbasis an Gymnasien empfohlenen Schülern eine unterdurchschnittliche Lesekompetenz hatte und Schüler mit schlechteren Schulnoten bei diesen externen Tests eine überdurchschnittliche Lesekompetenz aufwiesen, aber wegen der für die weitere Schullaufbahn ausschlaggebenden Schulnoten an die Neue Mittelschule oder in Deutschland an Real- und Hauptschulen empfohlen wurden. Sozial ungleich wird diese „Fehlverteilung", weil Kinder aus unteren sozialen Schichten bei gleicher Lesekompetenz viel eher auf Hauptschulen und eben nicht aufs Gymnasium gehen. Man spricht dabei von einem **sekundären sozialen Effekt** auf den Schulerfolg – während das individuelle Leistungspotenzial des Kindes als **primärer sozialer Effekt** gesehen wird.

Das „eigentliche" Leistungspotenzial eines Schülers ist eine nicht messbare Größe, es hängt ab von zahlreichen Einflüssen aus Elternhaus und Schule, die das Kind seit seiner Geburt erfährt: ob ihm viel vorgelesen wird, wie sich Geschwister oder Großeltern um das Kind kümmern, ob seine Eltern Nachhilfe bezahlen können, ob es in der Schule unter- oder überfordert wird, ob die Eltern vielleicht gar nicht wollen, dass das Kind auf ein Gymnasium geht. Die Frage nach der Gerechtigkeit bleibt dabei ohne Antwort.

Bildungspolitisch wäre es jedoch sehr wünschenswert, beide Effekte zu trennen. Denn fest steht: Alles, was den primären Effekt, also das Leistungspotenzial des Kindes vergrößert, nimmt nicht notwendigerweise Einfluss auf den sekundären Effekt. So kann zum Beispiel die individuelle Förderung eines Schülers, die zur Erhöhung seiner Leistungen führen soll, Förderunterricht etwa oder zusätzliche Deutschstunden, nichts gegen den **bleibenden sekundären** Effekt ausrichten. Dieser stellt den „harten Kern" der sozialen Ungleichheit des Bildungserfolgs dar.

Die wichtigste Ursache für den sekundären Effekt ist der elterliche

Einfluss auf die Schullaufbahn. Eltern treffen hier eher eine konservative Entscheidung, um ihre Sozialstruktur zu bewahren. So geht ein Kind aus den oberen Schichten trotz des Risikos zu scheitern aufs Gymnasium, um mindestens den Bildungsstand der Eltern zu halten. Dagegen steht ein Kind aus unteren Schichten mit mittelmäßigen Noten schon mit einem mittleren Schulabschluss so gut da wie seine Eltern. Wegen der fehlenden familiären Erfahrung schätzt es das Risiko, auf dem Gymnasium zu versagen, als zu hoch ein und entscheidet sich gegen diese Schulform. Das hat politische Brisanz: Denn solange nichts gegen die Folgen der Übergangsentscheidung unternommen wird, ist der Haupthebel gegen den sozial ungleichen Bildungserfolg, und damit auch für die Mobilisierung brachliegender Bildungsreserven, gar nicht angefasst. Denn die Grundschullehrerinnen sind aus gutem Grund zurückhaltend bei Gymnasialempfehlungen für Schüler aus bildungsfernen Familien: Im Gymnasium wird mit dem familiären Rückhalt gerechnet.

Ein Ausschalten des sekundären Effekts bewirkt eine stärkere Verringerung der sozialen Ungleichheit, aber wer oder was bestimmt das?

Kapitel VII:

Unterrichtsqualität – Prüfen – Beurteilen

Teil 1: **Feindbild Lehrer, Feindbild Streber**

Unser Schulsystem erzeugt Angst vor Prüfungen, statt mit bestandenen Abschlüssen zu locken. Schüler aus anderen Ländern fragen in Österreich oder Deutschland immer wieder: „Warum sind die Lehrer eigentlich eure Feinde?" Sie sagen, dass sie es gewohnt sind, für ihr Lernen selbst verantwortlich zu sein, und dass sie in der Schule natürlich lernen wollen. Was denn sonst? Warum erinnert das Lernen vieler österreichischer Schüler zuweilen an Bulimie: Informationen sammeln, Prüfungen machen und sich wieder entlasten? Seit 2003 wird bei PISA neben dem Verständnis von Texten, Mathematik und Naturwissenschaften auch die „Problemlösekompetenz" untersucht, wobei hier die Ergebnisse für einige Länder deutlich besser ausgefallen sind. Nehmen wir folgende Mathematik-Testaufgabe: Fritz läuft 100 Meter in 17 Sekunden. Wie lange braucht er für 1.000 Meter? Darauf antworten die meisten Schüler: 170 Sekunden. Sie bedenken nicht, dass man auf der mittleren Strecke nicht das gleiche Tempo hält wie bei 100 Metern. Im Alltag wissen sie es besser.

Wir haben in unseren Schulen ein Entfremdungsproblem. Lernen wird häufig zum Mittel fürs bloße Überleben in der Schule entwertet. Wer das Nötigste geschafft hat, lehnt sich zurück, stellt häufig nur noch seinen Körper in der ungeliebten Anstalt ab und geht mit seiner Phantasie spazieren. Gute Schulen – die gibt es in Österreich ja auch – können die Überlebensängste beruhigen. Wenn es gelingt, die Angstintegration durch ein Lernen zu ersetzen, das Schülern Vorfreude auf sich selbst macht, steigen die Leistungen.

Wir brauchen intelligente Schulen, die ihre Schüler fordern, ja manchmal sogar bewusst überfordern, und sie auch den Umgang mit dem eigenen Versagen lehren.

Ein Patentrezept gegen einen niedrigen IQ wiederum gibt es nicht, der ist nämlich sehr stark genetisch beeinflusst.

Teil 2: **Guter Unterricht – wie ist der?**

Zehn Merkmale guten Unterrichts [21]
1. **Klare Strukturierung** des Unterrichts (Prozess-, Ziel- und Inhaltsklarheit; Rollenklarheit, Absprache von Regeln, Ritualen und Freiräumen)
2. **Hoher Anteil** echter Lernzeit (durch gutes Zeitmanagement, Pünktlichkeit; Auslagerung von Organisationskram; Rhythmisieren des Tagesablaufs)
3. **Lernförderliches Klima** (durch gegenseitigen Respekt, verlässlich eingehaltene Regeln, Verantwortungsübernahme, Gerechtigkeit und Fürsorge)
4. **Inhaltliche Klarheit** (durch Verständlichkeit der Aufgabenstellung, Monitoring des Lernverlaufs, Plausibilität des thematischen Gangs, Klarheit und Verbindlichkeit der Ergebnissicherung)
5. **Sinnstiftendes Kommunizieren** (durch Planungsbeteiligung, Gesprächskultur, Schülerkonferenzen, Lerntagebücher und Schülerfeedback)
6. **Methodenvielfalt** (Reichtum an Inszenierungstechniken, Vielfalt der Handlungsmuster, Variabilität der Verlaufsformen und Ausbalancierung der methodischen Großformen)

---

[21] http://www.member.uni-oldenburg.de/hilbert.meyer/9290.html.

7. **Individuelles Fördern** (durch Freiräume, Geduld und Zeit; durch innere Differenzierung und Integration; durch individuelle Lernstandsanalysen und abgestimmte Förderpläne; besondere Förderung von Schülern aus Risikogruppen)
8. **Intelligentes Üben** (durch Bewusstmachen von Lernstrategien, Passgenauigkeit der Übungsaufgaben, methodische Variation und Anwendungsbezüge)
9. **Klare Leistungserwartungen** (durch Transparenz und klare Rückmeldungen)
10. **Vorbereitete Umgebung** (= verlässliche Ordnung, geschickte Raumregie, Bewegungsmöglichkeiten und Ästhetik der Raumgestaltung)

Das ist eine Version von vielen Beschreibungen guten Unterrichts. Gibt es denn überhaupt so etwas wie „guten Unterricht"? Es gibt nicht *den* guten Unterricht im Sinne einer bestimmten, durchwegs überlegenen Methode. Vergleichsstudien von Lehrern, deren Klassen bei internationalen Tests am besten abschnitten, zeigen, dass die betreffenden Lehrer sich im Unterrichtsstil fundamental voneinander unterschieden. Einige arbeiteten mit viel Humor, andere konnten ihre Schüler mit ihrer Begeisterung fürs Fach mitreißen. Einige ließen die Schüler häufig in Gruppen üben, andere bevorzugten den Frontalunterricht. Und sie alle kamen zu hervorragenden Ergebnissen. Wie geht das zusammen? Gerade der Frontalunterricht wird doch häufig für die schlechten Ergebnisse österreichischer oder deutscher Schulen im internationalen Vergleich verantwortlich gemacht.

Frontalunterricht muss keineswegs schlecht sein. In Japan beispielsweise, das in allen Vergleichsuntersuchungen gut abschneidet, ist der Unterricht sehr lehrergesteuert und die Schüler sind dennoch keineswegs passiv. Da fragt der Lehrer die Schüler nach Ideen und lässt ihnen viel Zeit für Antworten. Das hat mit stumpfem Pauken nichts zu tun. Das schülerferne Lernen wird bei uns oft mit dem sogenannten fragend-entwickelnden Unterricht in Verbindung gebracht. Was ist an diesem Stil falsch? Der fragend-entwickelnde Unterricht ist eine sehr anspruchsvolle Technik. Viele Lehrer pflegen diese Methode besonders in den Naturwissenschaften. In der Praxis jedoch führt sie leider oft in die Sackgasse. Warum? Es gelingt vielen Lehrern nicht, ihren Schülern genügend Raum für eigene Lösungen zu geben. Sie sind zu fixiert auf das Unterrichtsziel, in vorgegebener Zeit ein bestimmtes Wissenspensum abzuarbeiten. Unterschiedliche Lernziele erfordern unterschiedliche Lehr- und Lernmethoden. Unsichere Kinder brauchen eher einen stark strukturierten Unterricht, der ihnen Rückhalt gibt. Ihre selbstbewussten Klassenkollegen, die schon weiter sind, profitieren dagegen stärker von offenen Methoden.

Mindestbedingungen für gelungenen Unterricht wären seitens des Lehrers die Fähigkeiten zur Klassenführung und zu Klarheit, auch wenn die Vermittlung dieser Fertigkeiten in der Lehrerausbildung fast keine Rolle spielt. Das fängt mit der Sprache an. Viele Sätze von Lehrern enden im Nichts oder sind voll von Unsicherheitsfloskeln. Diese ganzen *Irgendwies, Vielleichts* und *Ich-sag-mal-Sos* signalisieren, dass der Lehrer es selbst nicht so genau weiß oder wissen will. Daneben heißt Klarheit, dass der Unterricht gut strukturiert ist. Dafür muss der Lehrer immer wieder mit einer Vorausschau oder Zusammenfassung deutlich machen, wo die Schüler gerade stehen. In gut geführten Klassen oder Unterrichtsgruppen gibt es auf Konsens basierende Regeln und Verbindlichkeiten. Unterrichten ist keine Magie, sondern größtenteils Handwerk, in dem man stets dazulernen kann. Dafür muss man wissen, was falsch läuft. Es ist ein nicht auszurottender Mythos, dass kleinere Klassen automatisch zu besserem Unterricht und höheren Lernergebnissen führen. Fast alle diesbezüglichen Studien haben belegt, dass dies nicht der

Fall ist. Und zwar deshalb, weil Lehrer ihren Unterrichtsstil nicht ändern, wenn sie 15 statt 30 Schüler vor sich sitzen haben. Kleine Klassen sind ein Potenzial, das kaum genutzt wird.

Für das Wohlbefinden des Lehrers hingegen spielt die Klassengröße sehr wohl eine große Rolle. Das muss man ernst nehmen. Unter anderem erhöhen große Klassen den Zeitaufwand beim Korrigieren und sind anstrengender, weil unterschiedliche Interessen von mehr Menschen im Unterrichtsprozess angemessen berücksichtigt werden müssen.

Ein besserer Unterricht ist also möglich, und zwar auch ohne dass sich erst die berühmten Rahmenbedingungen ändern müssen. Natürlich ist es förderlich, wenn die Klasse günstig zusammengesetzt ist. Natürlich fallen Veränderungen leichter, wenn das ganze Kollegium mitzieht. Aber notwendig, um den eigenen Unterricht zu verbessern, ist all dies nicht. Auf nichts haben Lehrer so viel Einfluss wie auf ihren Unterricht. Sie sollten ihn nutzen.

Es gibt zahllose Beispiele von Unterricht, in dem sich trotz scheinbar moderner Lernmethoden die entscheidenden Veränderungen in den Köpfen der Lernenden dennoch nicht vollziehen. Denn nur wenn der Unterricht auf die Defizite der Schüler abgestimmt ist, wenn der Lehrer auf die Vorkenntnisse seiner Schüler Rücksicht nimmt, können Schüler dazulernen. Das klingt banal, geht jedoch viel zu häufig schief.

<u>Dazu bedarf es zahlreicher Voraussetzungen:</u> Flexible Unterrichtszeiten, Projekttage, die richtige Auswahl relevanter Themen, Materialressourcen, räumliche Flexibilität, konsequente Schülerorientierung und ein positives und konstruktives Lernklima und nicht zuletzt die Fähigkeit der Schüler zum eigenverantwortlichen Lernen.

Zurzeit haben wir den verhängnisvollen Trend, dass die Lehrer alles, was über den reinen Unterricht hinausgeht, in den Ferien oder am Wochenende erledigen sollen. Gut vorbereitete Teamsitzungen kosten Zeit. Ebenso muss, wer etwa im Unterricht bei einem Kollegen hospitiert, seine eigene Klasse in dieser Zeit vertreten wissen. Ein zum Teil berechtigtes Ziel der Politik ist es, den Unterrichtsausfall zu begrenzen. Aber nicht jede gehaltene Stunde ist automatisch eine gute Stunde. Wenn sich Unterricht tatsächlich weiterentwickeln soll, dann muss einem Lehrerteam oder dem ganzen Kollegium auch einmal während der Schulzeit Fortbildung zugestanden werden. Fortbildungen während der Schulzeit müssen nicht unbedingt Unterrichtsausfall mit sich ziehen. Wenn die Aufgabenstellung konkret und für die Schüler nachvollziehbar ist und die entsprechenden Ressourcen vorhanden sind, können Schüler durchaus auch einmal allein arbeiten.

Voraussetzungen bei den Schülern
Es ist nicht zu leugnen, dass manchen Schülern die Voraussetzungen für eigenverantwortliches Lernen fehlen. Die PISA-Studie hat z.B. das Leseverstehen österreichischer Schüler getestet und hier Mängel festgestellt. Wenn Vielleser einen Text erfassen, können sie sich ganz auf den Inhalt konzentrieren, denn die Wörter erkennen sie weitestgehend automatisch. Ungeübte Leser müssen jeden Buchstaben einzeln entschlüsseln. Dabei geht ihnen der rote Faden verloren, sie verstehen nicht mehr den Sinn des Ganzen. Um manche Schüler aus ihrem Fast-Analphabetentum herauszuholen, muss man sie zunächst zum Lesen bringen – wenn nötig, mit Texten ohne bildungsbürgerlichen Anspruch. Auch in naturwissenschaftlichen Fächern erwerben viele Schüler nur ein sehr oberflächliches Wissen und Verständnis, das sie zu selten in die Lage versetzt, Lösungen für komplexere, naturwissenschaftlich orientierte Aufgabenstellungen zu finden oder Ereignisse in Alltag und Natur zu erklären.

Kap. VII: Unterrichtsqualität – Prüfen – Beurteilen

Schlüsselkompetenzen

Um diese müssen wir uns keine Sorgen machen, wenn Schüler guten Fachunterricht erhalten. Ein Lehrer, der Fehlern und Missverständnissen seiner Schüler mit Respekt und Interesse begegnet, der durch gezieltes Nachfragen versucht, ihre Gedankenwelt zu verstehen, fördert automatisch deren Sprach- und Sozialkompetenz. Arbeits- und Lernstrategien werden am besten trainiert, wenn Schüler Übungsaufgaben erhalten, für die sie keine fertige Lösungsstrategie abrufen können, sondern für die sie ihr bestehendes Wissen neu ordnen müssen. Unter diesen Voraussetzungen sind sie für methodische Hilfsmittel besonders offen.

Die Schüler sollen nicht nur mathematische Formeln anwenden, sondern Probleme lösen, nicht bloß Wissen pauken, sondern lernen, wie sie Fachinformationen finden, diese verarbeiten und rhetorisch geschickt präsentieren. Wir wissen, dass Kinder und Jugendliche heute stärker als früher von Medien geprägt werden, dass ihre Reizschwellen höher liegen. Weil sie von ihren Eltern über Gebühr verwöhnt werden oder weil sie allein aufwachsen, ist es nicht mehr selbstverständlich, dass sie von zu Hause emotionale Belastbarkeit, Disziplin, Ausdauer oder ein verträgliches Sozialverhalten mitbringen. Heute müssen Lehrer ihren Schülern grundlegende Fertigkeiten erst einmal beibringen, damit das Lernen effektiver wird. Dazu gehören zielgerichtetes Lesen und Exzerpieren, in Gruppen arbeiten, genaues Zuhören, strukturiertes Vortragen etc. Indem die Schüler solche Fertigkeiten systematisch einüben, werden sie befähigt, in eigener Regie zu arbeiten und die Lehrer zu entlasten. Schüler haben enorme Potenziale, sie können sich gegenseitig helfen, anspornen und disziplinieren. Doch anstatt die Fähigkeiten der Schüler zu nutzen, verlässt sich so mancher Lehrer in einer gewissen Selbstüberschätzung lieber auf seine eigenen Fähigkeiten. Wer erfolgreich, nachhaltig und zeitgemäß lernen will, muss lernen, seine

Sinne einzusetzen, um den Lernstoff durch die entsprechende Methode individuell „begreifbar" zu machen, durch Lesen, Hören, Sehen, Zeichnen, Markieren, Fragen, Spielen, Beobachten, Fühlen. Schüler müssen in Richtung des Erwerbs von Eigenverantwortung im Lernprozess unterstützt werden. Die Schule hat den Auftrag, Schüler zu befähigen, sich aktiv und nachhaltig mit dem Lernstoff auseinanderzusetzen und methodische Strategien zu entwickeln zur Bewältigung des Lebensalltags und als Basis für lebenslanges Lernen.

Teil 3: IMST – Innovationen Machen Schulen Top!

IMST ist ein vom Bundesministerium für Bildung in Kooperation mit Universitäten, pädagogischen Hochschulen, Schulen etc. getragenes Projekt, mit dem der Unterricht in Mathematik, Naturwissenschaften und Informatik sowie verwandten Fächern verbessert wird. Österreichweit arbeiten Lehrer/innen an der Verbesserung ihres Unterrichts. Unter anderem kooperieren sie in regionalen und thematischen Netzwerken. Daneben führen Lehrer/-innen innovative Unterrichtsprojekte durch. Im Programm Prüfungskultur reflektieren sie gemeinsam ihre Form der Leistungsfeststellung. Über alle Schulformen hinweg scheint der Vortragsunterricht (noch immer) die höchste Bedeutung als Unterrichtsform zu haben und die Wiederholung der wesentlichen Lerninhalte einer Unterrichtsstunde die wichtigste Form der Leistungsfeststellung zu sein. In der Hauptschule und in den polytechnischen Schulen sind Hausübungen signifikant wichtiger und schriftliche Tests signifikant weniger wichtig für die Notenfindung als in den BHS und BMS. Weiter zeigte sich, dass die Bedeutung der Unterrichtsformen größtenteils mit den jeweils passenden Formen der Leistungsfeststellung korreliert. Sowohl die Unterrichtsformen als auch die Leistungsfeststellungsarten passen von ihren

Bedeutungen her zu den jeweiligen Fächern (z.B. Experimente in Chemie oder Referate in Geografie). Zwischen einzelnen Schulen eines Schultyps gibt es teilweise signifikante Unterschiede, die darauf schließen lassen, dass es so etwas wie ein „Schulklima" in Bezug auf Unterrichtsformen und Leistungsfeststellungsarten gibt. Wie dieses Schulklima entsteht, welche Faktoren es beeinflussen und in welcher Weise es die Praxis der Leistungsfeststellung beeinflusst, sind sicherlich lohnende Fragestellungen für zukünftige Erhebungen. Freie Antwortformate sind immer noch die häufigste Gestaltungsart schriftlicher Leistungsfeststellungen, während Input-Texte (wie bei PISA) die Ausnahme darstellen. Für eine relevante Leistungsdiagnose, die internationalen Standards entspricht, ist bei jeder Aufgabenstellung ein Kriterienkatalog zu berücksichtigen, der eine Einordnung ermöglicht, was eigentlich in einer Aufgabenstellung überprüft wird und welchen Stellenwert eine Überprüfung in dieser Form hat.

Beispiel eines Bewertungsbogens/Kriterienkatalogs für Prüfungsaufgaben:

Die vorliegende Aufgabe (Kurzbezeichnung der Aufgabe)	trifft nicht zu	trifft eher nicht zu	trifft eher zu	trifft zu
... prüft Routinewissen	☐	☐	☐	☐
... erfordert die Koppelung bisher gelernter Inhalte mit neuem Wissen	☐	☐	☐	☐
... verlangt die Anwendung von Wissen auf neue Situationen bzw. Alltagsprobleme	☐	☐	☐	☐

... steht in engem Bezug zum Lernziel	☐	☐	☐	☐
... verlangt ein tiefes Verständnis des Stoffes	☐	☐	☐	☐
... hilft, Unterschiede zwischen den Schülern zu entdecken	☐	☐	☐	☐
... zielt auf die Bedeutung des Stoffes	☐	☐	☐	☐

Um die Wirkungen von IMST zu erforschen, wird Evaluation auf allen Ebenen integriert. Wenn Schüler ihre Lehrer zum Beispiel fragen, welchen Sinn der gerade durchgenommene Mathestoff hat, dann hören sie seit Generationen, dass man ihn für das spätere Leben brauche. Aber die Lehrer wissen, dass das für die allermeisten Schüler nicht stimmt. Auch Mathe kann spannend sein und zwar dann, wenn man es als eine Technik begreift, um Zusammenhänge zu klären. Das zeigt zum Beispiel das große SINUS-Programm[22], mit dem in den letzten Jahren Mathematikunterricht für Schüler entwickelt wurde. Es gibt viele Beispiele, in denen Mathematik und Naturwissenschaften gewissermaßen wie Theater inszeniert und erlebt werden und die Schüler auf ihre Fragen Antworten finden, statt ständig mit Antworten auf Fragen überschüttet zu werden, die sie nie gestellt haben.

Unterrichtliche Schwerpunktsetzungen – Beispiel Deutsch
Das schulgrammatische Grundlagenwissen soll laut Studien in Deutschland schlechter geworden sein, die Grammatikkenntnisse von Abiturienten seien auf Grundschulniveau[23], was auch

---

[22] http://imst.uni-klu.ac.at/programme_prinzipien/prk/links.
[23] http://www.tagesspiegel.de/wissen-forschen/archiv/18.04.2007/3207799.asp.

meinen Erfahrungswerten in Österreich entspricht, wobei es natürlich auf die Sichtweise ankommt. Kommt es denn wirklich auf die schulmäßige Beherrschung grammatischer Klassifikationen an? Reicht nicht korrektes Sprechen und Schreiben? Und worin unterscheidet sich beides? Der kleine Unterschied zwischen dem grammatischen System, das man implizit beherrscht, und einer Grammatik, deren Regeln man explizit benennen kann, verweist auf verschiedene Arten von Wissen. Auf der einen Seite ein deklaratives Wissen über etwas, auf der anderen Seite ein prozedurales Wissen, wie etwas geht. Ersteres wird traditionell in der Schule bevorzugt. Man spricht lieber über das Sprechen, als dass man spricht. Der Vorrang dieses Wissens führt allerdings in die Krise. Es erweist sich als träges Wissen, das einschläft, wenn es wenig benutzt und dabei nicht erneuert und verwandelt wird. Dieses deklarative Wissen zu erwerben, ist zuweilen anstrengend. Prozedurales Wissen hingegen erwirbt man gewöhnlich, ohne es zu merken. Dazu muss man von ihm explizit gar nichts wissen. Sprechen lernen Kinder beim Sprechen. Laufen lernen sie beim Laufen. Zu wissen, was der Konjunktiv ist, ist eine ganz andere Sache und garantiert im Übrigen nicht, ihn korrekt zu benutzen.

Teil 4: **Sensibler Einsatz von Noten – die Sachlage**[24]

Für die Beurteilung der Leistungen der Schüler bestehen folgende Beurteilungsstufen (Noten): **sehr gut, gut, befriedigend, genügend, nicht genügend.** Das zukünftige Benotungsregime kennt in den Hauptfächern in der Neuen Mittelschule zwei Modi mit sieben Notenstufen.[25] Die Diskussion über Noten ist fast so

---

[24] http://www.jusline.at/14_Beurteilungsstufen_%28Noten%29_LBV.html.
[25] Siehe Kapitel III.

alt wie das Prinzip Benotung selbst. Noten müssen Nachvollziehbarkeit gewährleisten. Ein Beispiel dafür ist in den Fremdsprachen der „Gemeinsame europäische Referenzrahmen"[26], der sechs Niveaustufen unterscheidet, die sich in drei Kategorien aufteilen – angefangen von der elementaren Sprachverwendung (hierfür steht der Buchstabe A) über die selbstständige Sprachverwendung (hierfür steht der Buchstabe B) bis hin zur kompetenten Sprachverwendung (hierfür steht das C). Die angefügten Zahlen definieren dann noch einmal das Können des Sprachlernenden innerhalb einer Stufe. Im Folgenden finden Sie kurze Kann-Beschreibungen der Niveaustufen A1 und A2.

Elementare Sprachverwendung (A) A1: Einsteiger, Anfänger
Wenn ein Sprachenlernender dem Niveau A1 zugeordnet wird, gilt er noch als Anfänger, er beherrscht jedoch bereits alltägliche Ausdrücke und kann einfache Sätze verstehen und auch bilden. Außerdem ist er bereits in der Lage, sich anderen Personen vorzustellen (z.B. mit Name, Wohnort, Alter, Arbeit etc.). Zudem ist es ihm möglich, andere Menschen nach persönlichen Informationen zu fragen. Die Verständigung in der einfachen Form ist möglich, jedoch sollte die Gesprächspartnerin oder der Gesprächspartner langsam sprechen und eventuell Hilfestellung leisten.

Auf Basis dieser Kann-Beschreibungen werden entsprechende Prüfungsaufgaben in schriftlicher oder mündlicher Form erstellt, die mit Hilfe von Kriterien nachvollziehbar beurteilt und danach in Noten umgesetzt werden können, wie das bei nationalen oder internationalen Sprachprüfungen bereits seit vielen Jahren Standard ist.

---

[26] de.wikipedia.org/wiki/Gemeinsamer_Europäischer_Referenzrahmen.

Beurteilungskriterien[27]: Österreichisches Sprachdiplom Deutsch schriftlich

» Erfüllung der Aufgabenstellung
» Kommunikative Angemessenheit der Textsorte/Aufbau und Layout
» Textaufbau/Textkohärenz
» Lexik/Spektrum sprachlicher Mittel
» Formale Richtigkeit/Sprachrichtigkeit

Die für die jeweilige Aufgabe beigefügten Kann-Beschreibungen mit den Entscheidungshilfen „trifft voll zu", „trifft teilweise zu", „trifft kaum/nicht zu" ermöglichen eine nachvollziehbare und damit einigermaßen objektive Leistungsbeurteilung.

Beurteilungskriterien Fremdsprachen Zentralmatura[28] schriftlich GERS B2
Hier gibt es ähnlich lautende Beurteilungskriterien mit sogenannten Deskriptoren, ähnlich den Kann-Beschreibungen für **fünf Niveaustufen**, denen Punktewerte zugeordnet werden:

» Erfüllung der Aufgabenstellung*
   * Bei Verfehlung der Aufgabenstellung wird die Stufe 0 vergeben, alle anderen Kriterien werden nicht bewertet.

Deskriptoren für Erfüllung der Aufgabenstellung – höchste Stufe
(1) Hält die vorgegebene Textsorte durchgehend ein
(2) Formuliert Titel/Betreff/Abschnittsüberschriften/Anrede/Grußzeile treffend

---

[27] www.osd.at, Modellprüfungen A1-C2, Probewertungen.
[28] https://www.bifie.at/system/files/dl/srdp_lfs_bewertungsraster_b2_2013-10-01.pdf.

(3) Führt alle inhaltlichen Punkte an und behandelt sie so ausführlich, wie für die Aufgabenstellung möglich
(4) Führt veranschaulichende Details und Beispiele für alle inhaltlichen Punkte an
(5) Evaluiert verschiedene Ideen/Fakten/Diagramme oder Problemlösungen sehr gut (ASD)**

   ** ASD = Aufgabenspezifischer Deskriptor. Diese Deskriptoren treffen nur auf bestimmte Aufgabenstellungen zu.

(6) Erklärt Vor- und Nachteile sehr gut (ASD)
(7) Erklärt Gründe für oder gegen einen bestimmten Standpunkt sehr gut (ASD)
(8) Hebt die persönliche Bedeutung von Ereignissen und Erfahrungen erfolgreich und überzeugend hervor (ASD)
(9) Drückt Neuigkeiten und Standpunkte effektiv aus und bezieht sich überzeugend auf solche von anderen (ASD)
(10) Hält die vorgegebene Wortanzahl (+/-10 %) ein

» Aufbau und Layout
» Textaufbau/Textkohärenz
» Spektrum sprachlicher Mittel
» Sprachrichtigkeit

Derartige für Fachexperten, aber auch für die Prüfungskandidaten nachvollziehbare Beurteilungsschemata existieren bereits für die meisten Fächer und sollten zu aussagekräftigen Beurteilungen mündlicher oder schriftlicher Prüfungen führen.

Leider wird bei den Vorgaben zur Umsetzung der Beurteilungsrichtlinien für die Lehrer vom zuständigen Ministerium und den handelnden Personen gelegentlich das Kind mit dem Bade ausgeschüttet, d.h., den Schulleitern und den Lehrern gesteht man zu wenig Sachverstand zu, weswegen zentral überreglementiert wird.

Kap. VII: Unterrichtsqualität – Prüfen – Beurteilen

Einige konkrete Beispiele: SRDP lebende Fremdsprachen:

» Obwohl oder weil es Übersichten zu den Charakteristika der Textsorten für AHS und BHS in der schriftlichen Reife- und Diplomprüfung lebende Fremdsprachen (SRDP)[29] gibt, soll es z.b. bei der Auslegung der Textsorte Report/Bericht zu unnötigen Auffassungsunterschieden, ja Haarspaltereien gekommen sein, was die formale Gestaltung eines Berichts und die damit verbundene Bewertung betrifft.
» Prüfer bekommen vorgegebene Lösungen für Hörverstehen oder Leseverstehen und sollen diese wie Bildungsroboter in den Computer eingeben, ohne die jeweiligen Aufgabenstellungen bzw. deren Bewertungsschlüssel im Detail zu kennen, was bereits in den Probeläufen zu Diskussionen geführt haben soll.
» Die Länge des Monologteils in der mündlichen Reife- und Diplomprüfung für Handelsakademien und humanberufliche Schulen soll unterschiedlich oder noch im Diskussionsstadium sein.
» Zugelassene Hilfsmittel (Wörterbücher elektronisch, ein- oder zweisprachig?) sind noch nicht klar festgelegt.

Wenn beim PISA-Mathematiktest drei Viertel der Schüler mit der Schulnote „sehr gut" oder „gut" das oberste Leistungsniveau erreichten, hingegen zwei Prozent der schwächsten PISA-Leistungsgruppe die Schulnote „sehr gut" im Zeugnis aufwiesen, so zeigt dies, dass es noch einiges an Verbesserungspotenzial in der Leistungsbeurteilung gibt. Die bereits implementierten Bildungsstandards und die dazugehörigen Aufgabenstellungen und kommentierten Beispiele sind – trotz der bereits erwähnten

---

[29] https://www.bifie.at/node/1696.

Überreglementierungen – ein wichtiger Schritt zur Objektivierung von Leistungsbeurteilungen. Externe Prüfungen und deren Beurteilung sind **Neuland** in Österreich und „gut Ding braucht eben Weile"!

Polemische mediale oder auch sogenannte Expertenkritik, die da lautet, dass die Beurteilung nicht von leistungsrelevanten Kriterien, sondern eher von Willkür geprägt sei, wie z.b. von der Qualität der Handschrift, von der Quantität des Gesagten bei mündlichen Prüfungen, dem Tragen von Brillen oder anderen Äußerlichkeiten, dem Bildungsniveau der Eltern des Schülers etc., rechtfertigt nicht die Forderung nach Abschaffung der Noten, sondern nur die nach einer Verbesserung und Objektivierung der verwendeten Beurteilungsschemata.

Als positives Beispiel sei die Walz-Schule in Wien[30] erwähnt, wo versucht wird, subjektive Einflüsse bei der Notengebung auszuschalten. Alle Prüfungen werden ausschließlich von externen Prüfern abgenommen. Die Lehrer sind deshalb eher in der Rolle von Trainern als von strengen Schiedsrichtern.

Alternativen: Bereits seit den 1970er Jahren werden an manchen Volksschulen sogenannte Pensenbücher verwendet, in denen die Lernfortschritte der Schüler kontinuierlich verzeichnet werden. Die „lernzielorientierte Beurteilung" ist eine weiterentwickelte Form des Pensenbuchs: Zu Schulbeginn werden Lernziele erstellt. Die Schüler müssen die Leistung nicht mehr zu einem bestimmten Zeitpunkt – etwa bei einem Test – erbringen, sondern dann, wenn sie so weit sind. Eine verbale Beurteilung auf Basis der bei internationalen Sprachprüfungen angewandten Beurteilungsbögen verbindet Nachvollziehbarkeit mit praktischer

---

[30] http://www.walz.at/.

Handhabung (Ziffernoten) der Beurteilung in Form der Instrumente der Leistungsbeurteilungsverordnung in Österreich.

Zahlreichen Untersuchungen zufolge findet mehr als die Hälfte das aktuelle Beurteilungssystem gerecht, dennoch wollen viele eine Objektivierung der Bewertung in Form von österreichweit gleichen Tests, damit Schülerleistungen, aber auch die Schulleistungen vergleichbar sind. Die Bildungsstandardüberprüfungen erfüllen diese Forderung, sie müssten nur noch effizienter umgesetzt werden. Objektivität, die allen Ansprüchen gerecht wird, wird es nie geben können, Beurteilungen müssen jedoch immer nachvollziehbar und praktisch handhabbar sein! Die Form ist sekundär, doch haben sich Noten in Ziffern oder Buchstaben bewährt. Viele Eltern haben das Bedürfnis nach Noten für ihre Kinder und fragen bei einer verbalen Beurteilung: „Und was ist das jetzt für eine Note?" Das Motivationspotenzial, das im sensiblen Einsatz von Noten liegt, muss genutzt werden. Kinder messen sich selbst gerne, vergleichen sich sehr früh in alltäglichen Aktivitäten, in typisch kindlichen Wettbewerbssituationen. Kinder möchten gerne etwas besser können als andere und dies auch zeigen. Wer erlebt hat, wie sich Volksschulkinder über einen Einser, Zweier oder Dreier freuen, urteilt über Notengebung anders als jene, deren Verständnis einseitig auf jene gerichtet ist, die sich schwertun und große Probleme haben, was aber eine Mehrheit an Kindern ausschließt. Diese positive, fördernde und gleichzeitig fordernde anerkennende Einstellung gegenüber Leistung ist auch für Hochbegabte motivierend, denen gelegentlich unterstellt wird, es mangle ihnen an sozialem Gewissen, moralischer Urteilsfähigkeit oder Herzlichkeit, mit manchen gar sei das zwischenmenschliche Zusammensein schwierig bis zur Unerträglichkeit. Nun mag es ja sein, dass es einige skurrile Genies gibt, dennoch ist festzuhalten, dass es durchaus Jugendliche gibt, die sehr gut Geige spielen können und trotzdem nett sind.

Teil 5: **Bessere Noten durch externen Nachhilfemarkt oder interne schulische Förderung**

Nachhilfeunterricht ist kein neues Phänomen, diese Form der Förderung hat sich im Laufe der letzten 200 Jahre entwickelt sowohl, was die Zielgruppe und die Lehrenden angeht, als auch, was ihre Bedeutung in der Gesellschaft betrifft. Die Anfänge des Nachhilfeunterrichts hängen mit der Gründung öffentlicher Schulen zusammen. Im 19. Jahrhundert waren es meist die eigenen Klassenlehrer, die Nachhilfeunterricht anboten. Der Unterricht wurde auf diese Weise fortgeführt und ergänzt. In den 1970er Jahren stieg die Zahl der Übertritte in weiterführende Schulen stark an. Somit erweiterte sich das hohe Bildungsniveau, das bis dahin nur sozial höhergestellte Schüler erreichen konnten, auch auf die Mittel- und Unterschicht und die Anwärter auf höhere Schulabschlüsse traten vermehrt als Nachfrager auf.

Alle aktuellen Studien zum Thema Nachhilfe zeigen, dass die Ursachen für den Nachhilfebedarf sowohl im Verhalten des Lehrers als auch bei dem Schüler selbst gesehen werden. Insgesamt können in Österreich im Wesentlichen dieselben Motive und Ursachen für die Inanspruchnahme von Nachhilfeunterricht benannt werden wie in Deutschland:

Mängel im Schulsystem, Lehrstellenknappheit und hohe Arbeitslosigkeit beeinflussen das Streben nach guten Noten, sind aber gelegentlich auch die Konsequenz des Ehrgeizes der Eltern. Häufig genannte Gründe für Nachhilfe sind unzureichende Fähigkeiten des Lehrers, den Stoff zu vermitteln, zu hohe Erwartungen des Lehrers in seinem Fach, fehlender Fleiß oder Motivation, mangelnde Begabung und Interesselosigkeit aufseiten der Schüler. Es ist also eine Mischung aus Problembereichen des schulischen Unterrichts und persönlichen Faktoren. Zudem beeinflussen die

Höhe des Bildungsziels und die gesellschaftliche und finanzielle Position der Familie das Nachhilfeverhalten maßgeblich. Das Phänomen des Nachhilfeunterrichts scheint in Österreich bisher noch nicht umfassend untersucht worden zu sein. Die Situation am Arbeitsmarkt, aufgrund derer ein guter Schulabschluss heute die Voraussetzung für einen erfolgreichen Übergang in das Arbeitsleben ist, und die bisweilen als unzureichend empfundene Qualität des Unterrichts im formalen Bildungssystem verstärken den Trend zum privaten Nachhilfeunterricht. Bildung muss allen sozialen Schichten ermöglicht werden, aber **nicht auf Kosten einer Senkung von Leistungsanforderungen**. Es bedarf daher wesentlich intensiverer und permanent verpflichtender, für die Eltern kostenloser Fördermaßnahmen in den öffentlichen Schulen (Ganztagsschulen), deren Effekt einer Qualitätskontrolle zu unterziehen ist, wie sie zumindest von einigen Privatanbietern für Nachhilfe angeboten wird. Die öffentliche Schule sollte dank ihres sehr gut ausgebildeten Lehrpersonals der privaten Konkurrenz hinsichtlich der Qualitätsstandards eigentlich überlegen sein.

Kapitel VIII:

Digitalisierung – Tafel oder Tablet wischen?

Der Lernprozess – ein Geheimnis?
Lernen ist längst nicht mehr auf Schule und Universität beschränkt – lebenslange Bildung wird immer wichtiger. Dabei ist Lernen keine einfache Aufnahme von Informationen, es kann nicht auf eine Frage der Gedächtniskapazität und der Fähigkeit komplexer Regelanwendung reduziert werden. Doch die Annahme, dass das Gehirn ein informationsverarbeitendes System sei und prinzipiell wie ein Computer arbeite, ist überholt. Gehirn, Körper und Umwelt sind nicht als isolierte Einheiten zu sehen, sondern als ein interaktives System. Für den Prozess des Lernens heißt das, man lernt, indem man tut, also nicht einfach Wissen aufsaugt, sondern sich aktiv damit auseinandersetzt. Wir sind ja nicht intelligent und lernen, weil wir unseren gewohnten Schemata folgen, sondern weil wir diese nur als erste Erwartung nutzen, um aber danach relativ flexibel in der gegebenen Umwelt zu navigieren, also auf eine Situation aktiv eingehen.

Streit über Schul-Informatik: Verpassen wir in Österreich oder Deutschland beim Computerunterricht eine große Chance? Indien, Südkorea, USA – sie alle haben dafür nationale Strategien. Informatik gehört nach Meinung von Experten längst zur Allgemeinbildung. Doch zählt Informatik wirklich zum Allgemeinwissen in der modernen, durchdigitalisierten Welt? Oder ist Programmieren Zeitvergeudung, ein Modefach mit begrenzter Haltbarkeit? Darum tobt derzeit ein Streit an vielen Schulen. Beim Programmieren geht es dabei nicht nur darum, IT-Kompetenzen aufzubauen, sondern auch darum, analytische Fähigkeiten und Problemlösungskompetenzen zu entwickeln. Programmieren erschließt neue Welten. So, wie man z.B. durch Latein Logik kennenlernt und sich methodisch an etwas heranarbeitet, ist es auch beim Programmieren. Deshalb sollte man Programmieren in den Unterricht hineinbringen. Programmierfähigkeiten werden in vielen Jobs gebraucht, weil „Coden" analytische Fähigkeiten vermittelt.

Wer Informatik nicht zur Allgemeinbildung zähle, so warnen Experten, versündige sich an der Chancengerechtigkeit, viele Menschen werden so „digital ausgeschlossen". Schon in der Grundschule sollten die Kinder mit einfacher Software[31] programmieren lernen, empfiehlt z.b. die Royal Society in Großbritannien. Nur so lasse sich vermeiden, dass sich Geschlechterrollen verfestigen. Andere Länder haben bereits umgesteuert und nationale Computer-Lehrpläne entwickelt: Indien, Südkorea, Israel, die USA, Neuseeland. In Deutschland dagegen bastelt jedes Bundesland an eigenen Ansätzen, meist ohne systematische Begleitforschung. Verpassen wir gerade einen dringenden Umbau der Allgemeinbildung? Inhalte betreffen zumeist anwenderorientierte Einführungskurse in Word und Web oder fächerübergreifende Medienkunde wie Google Maps im Geografieunterricht. Andere glauben, dass Notebook-Klassen und Tablets statt Kreidetafeln die beste Antwort sind. Informatik gehört zum Kanon der naturwissenschaftlichen Pflichtfächer, ist kein Orchideenfach für ganz besonders Interessierte, Informatik muss als Teil der Allgemeinbildung begriffen werden und gehört als Pflichtfach in die Sekundarstufe I. Früher galt das Gymnasium als Altsprachenschule, der bildungsbürgerliche Kanon fußte vor allem auf Latein und Griechisch. Über Mathe und Biologie rümpfte man die Nase. Nur der Druck der Industrie brachte den Durchbruch. Die praktischen Probleme sind gewaltig, und sie bilden einen Teufelskreis: Es wird immer schwieriger, alle Fächer

---

[31] Scratch http://scratch.mit.edu/.

angemessen zu berücksichtigen. Hinzu kommt ein Mangel an guten Informatiklehrern.

Österreichs Schulen sind auf diesem Gebiet sehr fortschrittlich und stellen sich auch dem vielleicht größten Problem des Informatikunterrichts, nämlich der Frage, was Informatik-Allgemeinbildung überhaupt sein soll. Die Fachlehrerschaft ist gespalten: Ein Teil stellt Büro- oder technische Software in den Mittelpunkt des Unterrichts, ein anderer will vor allem programmieren, was von wiederum anderen strikt abgelehnt wird, die meisten bevorzugen eine Mischung. Viele sind neben dem Unterricht außerdem für die Wartung der Geräte zuständig, das Fach leidet an geringem Ansehen (Computerfreaks) und vielen Überstunden. Dabei hat sich längst ein internationaler Konsens[32] herausgebildet, dass guter Informatikunterricht nicht Spezialwissen, sondern systematische Grundlagen vermitteln sollte: Chemie beschreibt die Welt der Stoffe; Biologie die Welt des Lebens; Informatik die Welt der Information, ihre Berechnung, Verteilung, Speicherung. Bürosoftware und Programmiersprachen veralten oft schnell, wenden Kritiker des Informatikunterrichts ein. Die Verfechter dagegen verweisen darauf, dass die Grundlagen bestehen bleiben, selbst wenn sich die Art der Anwendungen verändern mag: Wer einmal die Grundlagen verstanden habe, verfüge über das Gedankenwerkzeug, um qualifiziert über Copyright, Kreativität und Gerechtigkeit in einer digitalisierten Welt mitdiskutieren zu können.

Beispiel für den allgemeinbildenden Wert des Informatikunterrichts

Ein Bild, das aus einzelnen Bildpunkten (Pixeln) aufgebaut ist, wird unscharf, wenn man es vergrößern will. Vektorgrafiken dagegen

---

[32] http://www.informatikstandards.de/.

geben nur Eigenschaften wie Dicke, Farbe oder Form einer Linie an. Deshalb lassen sie sich beliebig vergrößern. Handyfotos setzen auf Pixel, Navigationsgeräte dagegen auf Vektorgrafiken.

Wie werden wir in Zukunft lernen?
Beginnen wir mit einem Beispiel aus der Gegenwart. Seit 2010 haben 26 Studierende ihren Bachelorabschluss am Salzburger Institut für Pflegewissenschaft und -praxis geschafft. In ihrer dreijährigen Studienzeit waren die 26 jedoch nur drei Mal an der Uni. Ihre Professoren haben sie dennoch regelmäßig gesehen. Was utopisch klingt, wird seit vier Jahren an der Paracelsus Medizinischen Privatuniversität (PMU) in Salzburg umgesetzt.

Die Studenten treffen sich mit einem Professor und maximal sechs weiteren Studierenden in virtuellen Hörsälen und diskutieren auf einer Onlineplattform via Video-Chat. Sogar Präsentationen online zu halten ist möglich. Nur zur Abschlussprüfung am Ende eines jeden Studienjahres müssen die Studenten nach Salzburg reisen.

So fortschrittlich wie der Bachelor am Institut für Pflegewissenschaft und -praxis sind jedoch nur wenige Studiengänge in Salzburg. Innovative Ansätze wie dieser sind möglich, weil dort entsprechende Mittel vorhanden sind, 2.480 Euro pro Jahr zahlen die PMU-Studierenden für den Bachelorstudiengang. Doch auch öffentliche Universitäten müssen auf kurz oder lang umdenken, denn die digitale Welt bietet fantastische Möglichkeiten.

Junge Menschen werden in einer neuen Arbeits- und Wissensgesellschaft leben, deren Konturen erst vage erkennbar sind. Bildung ist dabei die wichtigste Ressource zur Bewältigung von Gegenwart und Gestaltung von Zukunft. Menschen werden künftig so viel Zeit in Bildung investieren denn je. Es gibt gesicherte Nachweise, dass ein höherer Bildungsgrad mit höherer individueller Lebenszufriedenheit, besseren Berufschancen und der Übernahme von mehr sozialer Verantwortung einhergeht. Wir alle werden zudem in einer vielfach vermischten globalisierten Welt leben, in der Unterschiede in den leitenden Werten und kulturellen Hintergründen alltäglich sind. Die Werte- und Lebensformvielfalt bedingt logischerweise Toleranzanforderungen. Konkurrierende Werthaltungen und andere Lebensführungen müssen anerkannt, zivile Formen des Interessenausgleichs als Haltung verinnerlicht und zivilgesellschaftliche Basiskompetenzen wie Fähigkeiten zum Aushandeln und zur Partizipations-, Streit-, Kompromiss- und Kooperationsfähigkeit gelernt werden. Die Kinder der Zukunft werden regelmäßiger ihre Berufe wechseln, daher müssen Bildungsziele auch zu eigenbestimmter, selbstwirksamer Lebensführung beitragen. Ob Kinder Zivilgesellschaftlichkeit stärken oder bekämpfen, ob junge Menschen selbstbewusst Verantwortung übernehmen oder ohne Eigeninitiative mitschwimmen – das entscheidet sich auch in der Schule. Allerdings kann Schule solche Aufgaben nicht allein bewältigen. Schulen organisieren ihr Kerngeschäft des Lernens unter erschwerten Bedingungen. Sie werden durch gesellschaftliche Entwicklungen, soziale Probleme und jugendkulturelle Einflüsse herausgefordert. Der aktuelle Bildungsdiskurs zentriert sich um die Themen der fachlichen Leistungssteigerung und der Schulvergleiche. Es geht um Schulprogramme, Schulentwicklung und um Evaluationsfragen. Aber auch die Modernisierung von Unterrichtsmethoden, der neue Stellenwert der Medien, die Schulöffnung nach innen und außen und die Frage nach Schlüsselqualifikationen bzw. Basiskompetenzen spielen eine Rolle. Über die Schwierigkeiten, Unterricht in halbwegs geordneten Bahnen abzuhalten, wird oft nur hinter vorgehaltener Hand gesprochen. Allerdings ist der Leidensdruck im Alltag erheblich. Es sind jedenfalls nicht nur Problemschulen, Problemschüler und weniger kompetente Lehrkräfte, die zunehmend in Nöte geraten und oft erst die Bedingungen für das Unterrichten und eine erträgliche Beziehungskultur herstellen müssen. Gemeint sind Unruhe sowie Schmähungen und Beleidigungen von Lehrkräften, Cliquenrivalität, brutaler Umgang der Jugendlichen untereinander und Mobbing, Drogen, Versäumnis von Unterrichtssequenzen, Gewalt, „Null Bock"-Mentalität u.a.m. Solche Rahmenbedingungen erschweren den Bildungsprozess, dessen unverzichtbarer Bestandteil Erziehung, der eigentlich hauptsächlich den Eltern zu überantworten wäre, von diesen nicht mehr übernommen wird oder werden kann. Es ist müßig, über Ursachen zu diskutieren oder gar Schuldzuweisungen auszusprechen, fest steht jedenfalls, dass die soziale Kompetenz oder Intelligenz der Schüler für deren Bildungserfolg eine unerlässliche Voraussetzung darstellt.

Innere Schulreform am Beispiel der Digitalsierung des Unterrichts

Zahlreiche Schulen in Österreich haben die digitalen Möglichkeiten und Herausforderungen im Blick und versuchen sehr pragmatisch, die Digitalisierung aktiv zu gestalten. Sie warten nicht darauf, dass alle Schüler auf einen Schlag mit Geräten versorgt werden oder das perfekte System, die perfekte App für den Unterricht auf den Markt kommt. Sie nutzen, was es bereits gibt, sind offen für neue Ideen und Angebote, experimentieren, behalten bei, was sich bewährt, und verwerfen, was nicht so gut klappt. Sie gestalten diese Prozesse aktiv, die Auseinandersetzung mit der Digitalisierung erfolgt weder als Abwehrschlacht noch als einmalige Hauruckaktion. Man begegnet den neuen Technologien dynamisch, aufgeschlossen, flexibel und im Team. Digitalisierung ist hier kein Selbstzweck, sondern sorgfältig ausgewähltes pädagogisches Instrument. Einzelne Schulen können aus eigener Anstrengung heraus viel erreichen. Es zeigt sich aber auch, dass die Ressourcen für den systematischen Einsatz digitaler Technologien an Schulen eher knapp sind. Mit besserer Ausstattung und systematischen Fortbildungen könnte der organisatorische und didaktische Nutzen des Digitalen für die Schulen noch größer sein. Eigentlich spricht man heute im Zusammenhang mit der Digitalisierung von **Blended Learning** oder **integriertem Lernen**, einer Lernform, die eine didaktisch sinnvolle Verknüpfung von traditionellen Präsenzveranstaltungen und modernen Formen von E-Learning anstrebt. Das Konzept verbindet die Effektivität und Flexibilität von elektronischen Lernformen mit den sozialen Aspekten der Face-to-Face-Kommunikation sowie ggf. dem praktischen Lernen von Tätigkeiten. Bei dieser Lernform werden verschiedene Lernmethoden, Medien sowie lerntheoretische Ausrichtungen miteinander kombiniert.

Was spricht für die Digitalisierung und für den Einsatz neuer Medien im Unterricht?
Neue Medien sind Teil der Bildungspolitik und der schulischen Arbeit geworden. Sie bringen einige positive „Nebeneffekte" mit sich und sind eine Grundvoraussetzung für das Leben und Arbeiten in der Wissensgesellschaft (Kulturtechnik, Virtual Literacy, Methodenlernen).

Beispiele positiver „Nebeneffekte":

» „herkömmlicher" Unterricht stellt sich – nach einiger Zeit – auf einen schülerzentrierten Unterricht um
» fächer- und schulübergreifender Unterricht wird einfacher realisierbar und daher auch in die Tat umgesetzt
» die Individualisierung des Unterrichts und die Förderung der Bedürfnisse der einzelnen Schüler erfahren unterschiedliche Umsetzungsformen
» in alle Lehrpläne und Fächer integrierbar
» Individualisierung bezüglich Lerntempo, Lernweg

- » authentische Situationen (interkulturelles Lernen) erhöhen die Lernmotivation
- » ideale Voraussetzung für Lernen nach konstruktivistischem Modell, d.h., durch die Interaktion zwischen bereits vorhandenen Wissensbeständen und den Umwelt-Stimuli wird das Erkennen (das Verstehen) von Welt erst ermöglicht. Das Lernen (und dessen Resultat, das Wissen) kann als ein kreativer Prozess verstanden werden.

Was spricht manchmal dagegen?

- » Materialfülle, Zeitaufwand, Überforderung
- » Orientierungslosigkeit bei den Inhalten
- » die Verlockung, ziellos zu surfen
- » Lernprogramme, die stupide und monoton sind (drill & kill); keine Fehlerevaluation und keine intelligenten Verbesserungen
- » Lernprogramme zu kindisch (multimedialer Schnickschnack lenkt ab)
- » technische Probleme wie Ausstattung, Raumbelegung, fehlende (eigene) Kompetenz
- » mangelnde inhaltliche Qualität vieler Angebote
- » Informationen werden ausgedruckt oder „textverarbeitet", ohne gelesen bzw. verstanden worden zu sein
- » man findet nicht genau das, was man sucht; Suche ist stark zufallsbehaftet
- » kein oder limitierter Zugang zu Räumen für Schüler außerhalb des Unterrichts
- » Suchtproblematik
- » Bewertungsproblematik (Quelle, Eigenständigkeit der Arbeit)

Fazit

Generell bietet die Nutzung von Computern im Unterricht die Möglichkeit, mehr Abwechslung in die Schule zu bringen. Schüler können zu Hause auf die gleichen Unterlagen zugreifen wie in der Schule. Sie müssen beim Blended Learning aber auch umdenken, denn sie haben eine stärkere Selbstverantwortung für ihren eigenen Lernprozess. Nicht nur die Lehrenden müssen also umdenken, sondern auch die Schüler. Der Stoff wird ihnen nicht mehr vorgekaut, sondern sie müssen sich selbst auf die Suche machen, können aber dafür auch eigene Schwerpunkte setzen. Generell ist - jenseits all der eben genannten Argumente - Blended Learning jedenfalls als Motivationsfaktor für Schüler jeglichen Alters unbedingt gegeben! In manchen Fällen können Lehrende bei ihren Schülern auch Interesse für ein neues Thema hervorrufen, sodass sie sich vertiefend damit beschäftigen. In jedem Fall kann mit individuellen Lernzugängen erreicht werden, dass Schüler ihre eigenen Kompetenzen - soziale wie technische - weiterentwickeln und damit mehr Selbstvertrauen aufbauen und Erfolgserlebnisse im Schulalltag haben.

Motto: Die Form des Lernens (das WIE) darf nie wichtiger sein als der Inhalt (das WAS)!

Kapitel IX:

Internationale Vergleichbarkeit

Wie vergleicht man Bildungssysteme? Trotz aller Anstrengungen zur Harmonisierung auf internationaler und supranationaler Ebene ist Bildung immer noch ein Politikbereich mit ausgeprägter nationaler Bestimmungsmacht und nationalen Eigenheiten. Dies macht eine komparative Sicht auf Bildungssysteme zwar lohnenswert und spannend, aber auch sehr schwierig. **Die International Standard Classification of Education** (ISCED) der UNESCO legt den verführerischen Gedanken nahe, dass diese Zahlen standardisiert und deshalb aussagekräftig und einfach zu vergleichen seien.

Zwar ist es immer noch besser, diese Daten zu haben als gar keine; aber sie sind meistens zu grob, als dass daraus wirklich wichtige Schlüsse gezogen werden könnten. So ist beispielsweise die Quote der Schüler mit einem Bildungsabschluss nach der Schulpflicht ein wichtiger, keinesfalls zu unterschätzender Gradmesser, sowohl für die Qualität der Pflichtschulzeit als auch für die Integrationsfähigkeit des Teils des Bildungssystems, der über die Schulpflicht hinausgeht.

Dass sich ein Schulsystem wie das österreichische, das mit Transparenz lange überhaupt nichts anfangen konnte, inzwischen einer Evaluierungskultur angenähert hat, ist – bei aller berechtigten Kritik im Detail – ein Schritt in die richtige Richtung!

Teil 1: **Wie andere Länder mit großflächigen Tests und ihren Ergebnissen umgehen**

Mit den spätestens seit TIMSS und PISA wahrgenommenen Missständen im deutschen und österreichischen Bildungswesen und der sich daran anschließenden Frage nach Maßnahmen zu ihrer Behebung sind hierzulande großflächige Testformate in den Fokus der Debatten geraten. Da in Deutschland und Österreich damit Neuland betreten wurde, fehlt die Praxis bei der Nutzung der zahlreichen Daten. Hier verfügen andere Staaten bei der Durchführung schullaufbahnbegleitender Tests, Abschlussprüfungen und Schulleistungsstudien sowie bei der Rückmeldung entsprechender Ergebnisse einerseits und bei deren Nutzbarmachung andererseits über einen Vorsprung. Sie haben dabei, wie exemplarisch an England, Frankreich und den Niederlanden deutlich wird, unterschiedliche Wege eingeschlagen, um überregionale Leistungsmessung zum Ausgangspunkt von Schulentwicklungsprozessen zu machen.

Qualitätssicherung durch regelmäßige Tests als internationaler Normalfall
Das Beispiel **England** verdeutlicht die Einbindung eines zentralisierten Prüfungswesens in eine marktorientierte Schulentwicklung. Zum Ende der 1980er Jahre hatte man gezielt mit Hilfe von vier national einheitlichen Tests während der Schullaufbahn, der Veröffentlichung der Testdaten und einer an die Schülerzahl gekoppelten Pauschalfinanzierung der Schulen eine Wettbewerbssituation hergestellt, um Vergleichbarkeit und Qualität zu entwickeln. Die nachfolgende Leistungssteigerung im Verlauf der 1990er Jahre wird vielfach als Beweis für die Wirksamkeit dieser Steuerungsphilosophie herangezogen. Die vielen Kritiker dieser Marktphilosophie gehen eher von einer „Schockwirkung" ohne nachhaltige Wirkung in der Folge der radikalen Reformen

aus. So werden Strategien beschrieben, mit denen Schulen versuchen, ihren Listenplatz in öffentlichen Rankings durch gezielte Maßnahmen kurzfristig zu verbessern, z.B. mit Marketingstrategien oder bestimmten Zulassungskriterien für die Examina. Vor diesem Hintergrund setzt die Schulentwicklungspolitik als Korrektiv zunehmend auf eine faire Darstellung von Leistungsdaten und verbesserte Unterstützungsstrukturen für schwache Schulen. Hier besteht jedoch noch deutlicher Handlungsbedarf: Forschungsergebnisse machen deutlich, dass die Datenrückmeldung nicht automatisch den sinnvollen Gebrauch der ermittelten Daten und eine verbesserte Leistung initiiert. Die Wirkung überregionaler Testung wird entscheidend von der bereits vorhandenen Evaluationskultur einer Schule beeinflusst. Dazu gehören u.a. die Akzeptanz von Innovation und Wandel, effektive interne Kommunikationsstrukturen sowie die Verteilung der Verantwortung der Datenanalyse auf alle Mitarbeiter der Schule. Insgesamt wird aber deutlich, dass sich das schulische Misstrauen gegenüber extern generierten Daten im Laufe der letzten Jahre abgeschwächt hat und nach und nach durch einen vertrauteren Umgang mit Daten und den stärkeren Gebrauch der Ergebnisse für die curriculare Planung auf schulischer und auf Klassenebene abgelöst wird.

In **Frankreich** wird versucht, Gleichheit im zentral agierenden Staat in der Tradition der republikanischen Schulpolitik über zentrale Evaluationen zu stärken. Schon immer hat man dort auf die Unterstützung von Schulen durch Datenrückmeldungen gesetzt. Datensätze aus vier nationalen Tests und den Abschlussprüfungen werden zwar veröffentlicht, ohne jedoch in Bildungsmarktstrukturen eingebunden zu sein, da zumeist feste Schulwahlbezirke existieren. Aktuell gibt es die Forderung, Informationen nicht nur zur Verfügung zu stellen, sondern den tatsächlichen Umgang mit ihnen stärker als bislang zu fördern. Es ist nämlich fraglich, inwieweit Schulen die Informationen in Handlungsstrategien überführen. Die Datenqualität stellt ebenfalls ein wichtiges Thema dar. Im Vordergrund steht die Vermittlung eines fairen Leistungsbildes, aber auch die externe Anregung des eigenen Innovationspotenzials mit Hilfe individuell zugeschnittener und verständlicher Informationen. Ein nicht unerheblicher, für Frankreich beschriebener Effekt großflächiger Tests bezieht sich auf die Testinhalte: National festgestellte Defizite in einem bestimmten Bereich eines abgetesteten Fachs führten zu deutlich verbesserten Leistungsresultaten im darauf folgenden Jahr.

Die **Niederlande** stehen für den Versuch, Qualität und Vergleichbarkeit in einem auf Schulautonomie setzenden Land zu sichern. Zwar war die Etablierung eines Bildungsmarktes nie das eigentliche politische Ziel, doch haben die Entwicklungen seit Ende der 1990er Jahre mit der vor Gericht durch die Medien erstrittenen Publikation der Leistungsindikatoren im Kontext der bereits gegebenen Schulwahlfreiheit und der Pauschalfinanzierung der Schulen zu einer verstärkten Wettbewerbssituation beigetragen. Als zentrales Problem erweist sich die verstärkte Verantwortungs- und Rechenschaftspflicht, welche die traditionell sehr autonomen Schulen in eine „Spagatposition" drängt, wollen sie an ihren Profilen und Visionen festhalten und zugleich den staatlichen Vorgaben gerecht werden. Bei den Rückmeldungen steht vor allem die Frage nach der öffentlichen versus der vertraulichen Mitteilung von Indikatoren im Vordergrund. Hinsichtlich der Daten geht es vor allem um Datenqualität, um Fairness der Darstellungen, um ihre Verständlichkeit für unterschiedliche Zielgruppen und die Frage, wie sich Qualität breiter als über kognitive Leistung abbilden lässt. Hinsichtlich der Nutzbarmachung von Ergebnissen wird deutlich, dass die Daten der zentralen Abschlussprüfungen weniger für einzelschulische Prozesse verwendet werden. Dennoch hat die Publikation der

Daten im Zusammenspiel mit regelmäßigen Inspektionen für viele Schulen den Anstoß gegeben, sich stärker mit den erreichten Arbeitsergebnissen auseinanderzusetzen. Die vielen optionalen diagnostischen Tests während der Schulkarriere fördern dies, da sie konkret auf die Nutzung der Daten für die Schul- und Unterrichtsentwicklung hin angelegt sind.

Internationale Entwicklungstrends wahrnehmen und Forschung vorantreiben
Großflächige Lernstandsmessungen sind international eine omnipräsente Praxis, die zeigt, dass offensichtlich immer deutlicher auf die Entwicklung der Einzelschule durch karrierebegleitende Tests und schulindividuelle Daten gesetzt wird. Darüber hinaus wächst mit der öffentlichen Ergebnismitteilung den Schulwahlentscheidungen seitens der Eltern eine wichtige Funktion zu, deren Wirkung nicht unumstritten ist. Es werden jedoch nicht nur Leistungsergebnisse öffentlich mitgeteilt, sondern auch eine Vielzahl von Hintergrundmerkmalen, um Leistungsdifferenzen fair darzustellen und Erklärungsansätze anbieten zu können. Die hier sehr knapp skizzierten Erfahrungen zeigen, dass zentrale systemische Strategien zwar die Bedingungen für Lernergebnisse schaffen, diese aber nicht direkt beeinflussen können. Es wird vielmehr in der Einzelschule entschieden, wie externes Intervenieren beantwortet wird. Es bleibt die Feststellung, dass es grundlegender Forschung bedarf, damit weiteres Testen ohne Strategie zur Nutzung derartiger Tests für die Entwicklung der Einzelschule und des Schulsystems über ein bloßes Rückmelden von Informationen hinaus nicht in eine Sackgasse führt. Zahlreiche Akademiker und Bildungswissenschaftler kritisierten in einem offenen Brief[33], dass durch die enge Ausrichtung der

---

[33] http://www.theguardian.com/education/2014/may/06/oecd-pisa-tests-damaging-education-academics.

OECD auf standardisierte Tests mit einem engen und einseitigen Maßstab sowohl einer großen Vielfalt von Bildungstraditionen als auch Schulen und Schülern irreparabler Schaden zugefügt werden könne.

Der Brief wurde an Andreas Schleicher, den Leiter von PISA, geschickt, der in seiner Replik betont, dass die Rankings die Bildungssysteme bereichern und so die Entwicklung von unterschiedlichen Konzepten und Ideen im Bereich Bildung und Schule fördern würden.

In dem Buch *Sackgassen der Bildungsreform*[34] erweitert der Philosoph Konrad Liessmann, einer der vielen Mitunterzeichner dieses Briefes, seine Kritik an zentralen Tests im österreichischen Schulsystem auf die damit einhergehende Kompetenzorientierung, indem er kritisiert, dass Bildung so auf ökonomisch Verwertbares reduziert werde und Schüler nicht lernen würden, wie man sich mit einer Sache auseinandersetze und wie man sich in Wissen vertiefe. Er fordert eine Diskussion über die Frage, welches Wissen der nächsten Generation weitergegeben werden soll.

Was sagen uns die Daten?

Leistungen Mittelmaß, Chancengleichheit schlecht.

Die PISA-Studie von 2006 zeigt, dass die geprüften Bildungsinstitutionen keine großen Fortschritte gemacht haben. Die dritte PISA-Studie hat im Jahr 2006 in 57 Ländern 400.000 Schülerinnen und Schüler getestet. Insgesamt zeigte sich, dass Jugendliche

---

[34] Konrad Paul Liessmann, Katharina Lacina (Hrsg.): Sackgassen der Bildungsreform. Ökonomisches Kalkül – Politische Zwecke – Pädagogischer Sinn. Wien 2013.

in gegliederten Schulsystemen im Schnitt weder besser noch schlechter abschneiden als Jugendliche in Systemen mit nur einem Schultyp. Allerdings spielt das Elternhaus beim Schulerfolg eine umso größere Rolle, je früher die Kinder auf verschiedene Schultypen verteilt werden. Deutschland ist neben Österreich das einzige OECD-Land, in dem Kinder schon mit zehn Jahren verschiedene Bildungswege einschlagen.

Teil 2: **Reaktionen auf PISA**

PISA ist so angelegt, dass sich aus den Ergebnissen der Jahre 2000, 2003 und 2006 doch sehr verlässliche Trends ableiten lassen. Die PISA-Studie 2000 hat einen heilsamen Schock ausgelöst. Ohne diesen und die darauf folgenden intensiven Diskussionen wären wir nicht da, wo wir heute sind. Das Bewusstsein für die Bedeutung von Schule und Bildung insgesamt ist seitdem gewaltig gestiegen. Und nach der Diagnose kamen die Therapien, die Reformen, die jetzt allmählich Wirkung zeigen, in Österreich allerdings fehlt seit Jahren ein bildungspolitisches Gesamtkonzept.

Sagt denn PISA wirklich etwas über den Bildungsstand der Jugendlichen aus?
Natürlich muss die Schule viel mehr leisten als das, was mit PISA überprüft wird. Aber ohne ein gewisses Verständnis der Mathematik und der Naturwissenschaften, ohne die Fähigkeit, Texte mit Verstand zu lesen, darf eigentlich kein Kind die Schule verlassen. Studien aus Kanada zeigen, dass gute Ergebnisse in der PISA-Studie mit guten Berufschancen einhergehen, also werden relevante Fähigkeiten geprüft. Ist also der Vorwurf berechtigt, PISA teste die Schüler daraufhin ab, wie kompatibel sie mit den Anforderungen der Wirtschaft seien? Nein. Zum einen zielt der Vorwurf ins Leere, weil die Möglichkeit, einen interessanten Beruf

zu ergreifen, die entscheidende Voraussetzung für die persönliche Entwicklung eines Jugendlichen ist. Hier treffen sich einfach die Interessen der Jugendlichen und der Wirtschaft, die fähige Arbeitskräfte braucht. Zum anderen erschöpft sich PISA gerade nicht im Abfragen funktionaler Kompetenzen. Gerade das tiefere und kritische Durchdringen von Sachverhalten führt zu hohen Punktzahlen bei PISA.

PISA beschäftigt sich auch mit dem Thema Chancengleichheit beim Übergang auf das Gymnasium
Das Kind eines Akademikers hat bei gleicher Leseleistung und gleicher Intelligenz eine größere Chance, nach der Grundschule aufs Gymnasium zu wechseln, als das Kind eines Facharbeiters. Das ist ungerecht. Nationale zentrale Überprüfungen, wie die der Bildungsstandards in Österreich, allerdings mit den entsprechenden Konsequenzen für die weitere Schullaufbahn, würden viele Volksschullehrerinnen entlasten und auf längere Sicht auch zu einer Qualitätssteigerung des Unterrichts führen. Bei den Leistungssteigerungen in der Mathematik und den Naturwissenschaften zeigt vermutlich ein Programm[35] zur Modernisierung des mathematischen und naturwissenschaftlichen Unterrichts seine Wirkung. Statt wie früher Formeln zu pauken, werden im Mathematikunterricht jetzt vielerorts Alltagsprobleme mit Hilfe der Mathematik gelöst. Die besseren Leistungen in den Naturwissenschaften sind auch darauf zurückzuführen, dass sie in den vergangenen Jahren einen regelrechten Boom erlebten. Überall schießen Science-Center aus dem Boden. In den Medien spielt das Thema eine große Rolle. Forschungsinstitute und Unternehmen arbeiten mit Schulen zusammen. Das alles hat sicher seine Wirkung gezeigt.

---

[35] http://de.wikipedia.org/wiki/Trends_in_International_Mathematics_and_Science_Study (TIMSS).

Langsame Entwicklung bei den Leseleistungen?
Zum einen kennen wir erst seit 2001 das Ausmaß dieses Problems. Zum anderen ist die Lesefähigkeit nicht so einfach zu steigern. Warum nicht? Den Mathematikunterricht kann ein Lehrer verändern. Leseförderung in der Sekundarstufe hingegen muss in allen Fächern erfolgen. Dafür muss erst einmal das Bewusstsein geschaffen werden. Noch immer denken viele, das Lesenlernen sei in der Grundschule abgeschlossen. Ein großer Irrtum! Deshalb muss jemand die Initiative ergreifen; Lehrer müssen ihre Unterrichtsstrategien untereinander abstimmen, das ist in diesem Berufsstand nicht die Regel. Wenn wir beim Lesen besser werden wollen, dann brauchen wir dazu eine gewaltige Kraftanstrengung in den Schulen. Das kann nicht allein Aufgabe der Deutschlehrer sein. Aber auch im Bereich Lesen gibt es Mut machende Signale, die Leistungssteigerung der Grundschüler etwa oder das zunehmende Interesse der Schüler am Lesen. Es ist nicht nur ein wachsendes Interesse am Internet festzustellen, sondern auch an Zeitungen. Offensichtlich hat PISA die Augen dafür geöffnet, dass es zu viele Schüler gibt, die erschreckend wenig lernen. Beim Lesen etwa haben die Hauptschüler zugelegt, dort hat sich in den letzten Jahren sehr viel getan. Nationale Bildungsstandards für verschiedene Fächer wurden formuliert, deren Erreichen überprüft wird. Dennoch brauchen Schulen die Freiheit und die Möglichkeiten, selbst den Weg zu finden, um die Ziele zu erreichen. Die Schulen sind der Ort des Lernens; sie müssen viel mehr unterstützt und nicht mit Aufgaben überhäuft werden.

Teil 3: **Bildungsstandards in Österreich**

Mit der Einführung der Bildungsstandards und deren regelmäßiger Überprüfung wird ein bemerkenswerter Reformprozess in Gang gesetzt, der den Fokus auf die Kompetenzen der

Schüler/-innen richten soll. Bildungsstandards für den Pflichtschulbereich legen jene Kompetenzen fest, die Schüler/-innen bis zum Ende der vierten bzw. achten Schulstufe in Deutsch, Mathematik und Englisch erworben haben sollen. Die Standards beschreiben Fähigkeiten, Fertigkeiten und Haltungen, die für die weitere schulische und berufliche Bildung von zentraler Bedeutung sind. Damit sind die Ergebnisse der Überprüfungen der Standards auch für die Sekundarstufe II, und hier insbesondere für berufsbildende Schulen, relevant. Sie zeigen, über welche Kompetenzen Schüler/-innen am Beginn der Sekundarstufe II verfügen und worauf die aufnehmenden Schulen aufbauen können. Während in der Vergangenheit in der bildungspolitischen Diskussion auf von außen durch PISA bzw. PIRLS/TIMSS eingebrachte Standards zurückgegriffen wurde, nach denen bis zu ein Drittel der österreichischen Schüler/-innen als kompetenzarm klassifiziert wurde, bieten Bildungsstandards nun die Grundlage einer österreichspezifischen Diskussion über die Kompetenzen von Schüler/-innen am Beginn der beruflichen Ausbildung.

Bildungsstandards müssen in ein Gesamtkonzept von Qualitätsmaßnahmen eingebettet werden, damit sie Erfolg bewirken. Standards sollen Lehrerinnen und Lehrern bessere Orientierung und mehr Sicherheit in ihrer unterrichtlichen Arbeit geben.

Bildungsstandards drücken eine normative Erwartung aus, auf die die Schule hinarbeiten soll. Sie legen nicht fest, was guter Unterricht ist, sondern beeinflussen den Unterricht indirekt durch einen pädagogischen Orientierungsrahmen und den Blick auf Lernergebnisse, sie reglementieren weder das Lehren und Lernen noch die Methodenfreiheit der Lehrerinnen und Lehrer sowie deren individuelle Unterrichtsplanung.

Die autonomen Entwicklungsmöglichkeiten (Schwerpunktbildung, Schulprofil etc.) der Einzelschule bleiben ebenfalls erhalten. Bildungsstandards können und dürfen die pädagogische Verantwortung für Lehren und Fördern, Fordern und Bewerten nicht aufheben; sie stehen in direktem Zusammenhang mit Schulentwicklung und sind ein nützliches Instrument zur Qualitätssicherung. Bildungsstandards liefern keine erschöpfende Beschreibung von Bildungszielen, sondern definieren Grundkompetenzen und haben auch Orientierungsfunktion für Schülerinnen und Schüler sowie für Eltern. Für Lehrerinnen und Lehrer sind sie außerdem ein Angebot für die Selbstevaluation und tragen so zur Qualitätssicherung bei.

Kompetenzen – heiß umfehdet, wild umstritten[36]
Kompetenz bedeutet, über Wissen und Können für die Lösung eines Problems in einer bestimmten Situation zu verfügen. Es ist ein konstruiertes Vermögen, über das eine Person verfügen kann und das, in einer konkreten Situation eingesetzt, als Performanz ersichtlich wird. Die vom Ministerium derzeit ausgegebenen und diktierten Vorgaben für den kompetenzorientierten Unterricht strotzen vor Worthülsen wie „Kompetenzorientierung", „Kompetenzraster", „Grund- und Erweiterungskompetenzen", „Zusatzkompetenzen", „Kompetenzmatrix", „Kompetenzstrukturpläne", „Kompetenzpools", „Clusterkompetenzen", „Sozialkompetenz", „Teamkompetenz" und bringen in der Praxis fast keine unmittelbar erkennbare ernst zu nehmende Verbesserung. Für die Lehrerschaft bedeuten sie einen exorbitant hohen, oft wertvolle Kräfte verzehrenden, zusätzlichen Aufwand, dessen Sinnhaftigkeit viele hinterfragen, weil einleuchtende Erklärungen und Begründungen für diese kurzfristig eingeführte Kompetenzorientierung fehlen und die Frage nach den Inhalten meist unbeantwortet

---

[36] http://wiki.zum.de/Kompetenzorientiert_unterrichten.

bleibt. Kompetenz steht im Moment für traditionelle Begriffe wie Lektüre, Lernstoff, Wissen, Bildung und macht den österreichischen Philosophen Konrad Paul Liessmann so wütend, dass er in seiner Streitschrift *Geisterstunde. Die Praxis der Unbildung*[37] folgende provozierende Aussage trifft:

„Wo Kompetenzen vermittelt, Tests ausgefüllt, im Team geteacht, international verglichen und modular studiert wird - dort ist die Praxis der Unbildung am effizientesten."

Was er von Bildungsexperten hält, spiegelt sich in der Kapitelüberschrift:

„Der Bildungsexperte. Zur Psychopathologie eines Sozialcharakters"

Kompetenzen bestehen im Kern in einer intellektuellen Beweglichkeit, die sich aufgrund ihrer komplexen Interdependenz einer standardisierten, objektiven Überprüfung entzieht. Menschen, die über viele Kompetenzen verfügen, können jedoch aktiver an geistigen und kulturellen Handlungsfeldern teilhaben, weil sich ihr Wissen und Können von „rein reproduziertem" Wissen und Können merkbar unterscheidet.

Möge Kants „Sapere aude" („Habe Mut, dich deines eigenen Verstandes zu bedienen!") bei allen Verantwortlichen in der Bildung auf fruchtbaren Boden fallen. Bei aller Wertschätzung des Begriffs Kompetenzen, Grundkompetenzen oder erweiterte, sei angemerkt, dass deren Messbarkeit und praktische Umsetzung

---

[37] Konrad Paul Liessmann: Geisterstunde: Die Praxis der Unbildung. Eine Streitschrift, Wien 2014.

nur in Teilen möglich ist. Rationale Messungen sollten daher vor allem drei Aspekte berücksichtigen: Effizienz, Sinn und Verantwortung.

Grundlage für die Formulierung von Kompetenzen ist ein Kompetenzmodell mit den Teilbereichen **Fachkompetenz, Methodenkompetenz, soziale Kompetenz, personale Kompetenz**, das den Ausgangsrahmen darstellt und die Übersetzung abstrakter Bildungsziele in konkrete Aufgabenstellungen ermöglichen und unterstützen soll. Die Aufgabenbeispiele gehen von einem mittleren Leistungs- und Anforderungsniveau aus, sie umfassen eine Bandbreite von drei (zwei) Komplexitätsstufen. Sie sind nicht als Testformate für Abschlussprüfungen oder Berechtigungen gedacht, sondern sollen die konkrete, praktische Unterrichtsarbeit der Lehrerinnen und Lehrer unterstützen.

Aktuelle Situation
Im Pflichtschulbereich sollten mit Hilfe der Bildungsstandardüberprüfungen die Kenntnisse und Kompetenzen der Schüler in der vierten und der achten Schulstufe gemessen werden. Die Prüfungen werden zentral durchgeführt. Aber was geschieht, wenn Klassen oder einzelne Schüler diese Standards nicht erfüllen und auch bei der nächsten Messung wieder miserabel abschneiden? Derzeit geschieht nichts! Also wo bleibt die Effizienz, welcher Sinn steckt dahinter und wer trägt die Verantwortung dafür? Das System sorgt dafür, dass nichts geschehen kann. Denn der Schulleiter und die Schulbehörde sollen die Ergebnisse nur anonymisiert erhalten. Sie werden nicht erfahren, in welcher Klasse schlechte, in welcher gute Leistungen gemessen wurden. Österreichische Bildungspolitik setzt auf Evolution statt Revolution. Möge sich das Vorhaben nicht an den üblichen Evolutionszeiten ein Beispiel nehmen!

Ausblick
Bildungsstandards helfen, Lehrpläne zu entschlacken. Es geht viel weniger um inhaltliche Verbindlichkeiten, sondern darum, Prinzipien zu erkennen – an welchem Inhalt das geschieht, ist relativ egal. Für die Zentralmatura heißt das, dass Aufgaben gestellt werden, die man, ausgestattet mit Hintergrundwissen, lösen kann. Wer Prinzip und Strukturen erkannt hat, kann mit jeder Aufgabe umgehen. Wissen muss natürlich trotzdem vermittelt werden. Oberstes Ziel aller Pädagogik sollten das Hinführen zu selbstständigem Denken und Urteilen, zum freien Gebrauch der Vernunft sowie die Aufklärung zur Mündigkeit bleiben. Lernen bedeutet nicht Sammeln und Reproduzieren von Informationen, Wissen ist keine Ware, die man einfach per Klick abruft und zu beliebigem Gebrauch anbietet. Wissen ist gebunden an die Einsicht der Lernenden und der Lehrenden. Erst dadurch wird ihr Denken angeregt, können sie selbst denken lernen.

Lehrer kritisch gegenüber Bildungsstandards als Messinstrument für Unterrichtsqualität
Obwohl derzeit Lehrer Testergebnisse für die gesamte Klasse, nicht für einzelne Schüler, und Direktoren Testergebnisse für die gesamte Schule, nicht für einzelne Klassen bzw. deren Lehrer erhalten, sehen manche Lehrergewerkschafter solche Leistungstests für die Evaluation des Lehrerfolges kritisch. Wenn trotz Bemühens der Lehrer die Schüler das Ziel der Bildungsstandards nicht erreichen, so könne das nicht der jeweiligen Lehrperson angelastet werden. Es kann ja auch Zahnärzten nicht die Karies ihrer Patienten angelastet werden, wenn Letztere es an der geforderten Mundhygiene mangeln lassen.

Befürworter der Bildungsstandards meinen, die beschlossenen Standards seien nur ein Zwischenschritt auf einem langen Weg, auf dem nicht nur viele Potenziale, sondern auch Gefahren wie die Kategorisierung und Vorgabe von Ausbildungen zu erwarten seien und Bildung nur mehr zweckorientiert gesehen werde.

Eine **nachhaltige** Bildungsreform wird aber um regelmäßige Bildungsstandardüberprüfungen oder zentrale Prüfungen mit Konsequenzen für Schüler, Lehrer und Schule nicht herumkommen, die Potenziale für eine Qualitätssteigerung in den Bereichen Bildung und Schule sind wesentlich größer als die damit verbundenen Gefahren. In den Testläufen für die Zentralmatura gab es einige Probleme bei den Aufgabenstellungen und bei den Beurteilungskriterien.

Ein Beispiel: Das Maturafach Deutsch
Die Literatur spielt in der aktuellen Form der Zentralmatura Deutsch keine entscheidende Rolle mehr. Das auf Textsorten orientierte Schreiben, also z.B. das Verfassen von Leserbriefen und Bewerbungsschreiben, die Analyse von Gebrauchsanweisungen und Zeitungskommentaren, das schriftliche Formulieren einer sogenannten „Meinungsrede" (was immer das sein soll), ist jetzt Prüfungsinhalt. Die „Leseliste", ein bisher verbindlicher Kanon von 20 bis 40 Werken der Weltliteratur, ist abgeschafft, darf weder verlangt noch geprüft werden. Vielmehr ist aus drei Großthemen zu wählen, die ihrerseits in je zwei Unterabteilungen zerfallen. Eines der drei Großthemen muss sich auch auf Literatur beziehen, allerdings spielt diese eher eine marginale Rolle und dient nur mehr als Bezugselement für die Auseinandersetzung mit konkreten Themen und Inhalten.
Allgemeinbildung – und dazu gehört neben neuen Inhalten auch das Rezipieren und Analysieren literarischer Werke, weil es selbstständiges Denken lehrt und zu abstraktem Denken erzieht – sollte auch in Zukunft Schwerpunkt einer allgemeinbildenden Schule sein.

Es gibt standardisierte Reifeprüfungen für alle schriftlichen Maturafächer und auch für die mündlichen liegen Prozessstandards vor, die den Ablauf der Reifeprüfung regeln. Die Schulen sollen auf Basis dieser Standards den mündlichen Teil weiter selbst erarbeiten, weil sonst ihre Autonomie und etwaige Schulschwerpunkte gefährdet seien. Der Sinn dahinter: Standardisierte Aufgabenstellungen bei Abschlussprüfungen bedeuten mehr Transparenz und größere Objektivität in der Beurteilung und machen Leistungen fair vergleichbar. Es müsse im Interesse aller Bildungseinrichtungen liegen, nachhaltig abgesicherte Kompetenzen und Wissen für Arbeitgeber sowie für den tertiären Bildungsbereich zu dokumentieren.

Im Sinne einer internationalen Vergleichbarkeit sollte mittelfristig das **Internationale Bakkalaureat (IB)** in höheren Schulen als Option angeboten werden, was derzeit nur in wenigen Schulen der Fall ist:

American International School, Salmannsdorferstraße 47, Wien

Danube International School, Josef-Gall-Gasse 2, Wien

Linz International School Auhof (L.I.S.A.), Aubrunnerweg 4, Linz

Vienna International School, Straße der Menschenrechte 1, Wien

Ein IB ist ein Reifezeugnis, das an einer Schule der **International Baccalaureate Organization (IBO)**[38] ausgestellt wird und als Nachweis der allgemeinen Universitätsreife gilt.

Dieses entspricht zwar nicht dem **österreichischen Reifezeugnis** (auch wenn es an einer Schule in Österreich abgelegt wurde!),

---

[38] Mehr Details auf der Homepage: http://www.ibo.org/.

wird aber als gleichwertig anerkannt und muss folglich nicht **nostrifiziert** werden, wenn bestimmte Voraussetzungen erfüllt sind.

Aus den sechs Prüfungsfächern des Diploms müssen Probanden **mindestens die Punktezahl 24** (als Summe der Einzelnoten der Prüfungsfächer) erzielt haben.

Können sie die **Mindestpunkteanzahl** von 24 **nicht nachweisen**, erwerben sie kein „IB Diploma", sondern ein „IB Certificate" – mit diesem ist die **Zulassung zu einem ordentlichen Studium nicht möglich**. Als Inhaber eines IB-Diploms hingegen müssen Absolventen die besondere Universitätsreife **nicht gesondert nachweisen** (es ist kein Studienplatznachweis erforderlich).

Kapitel X:
Schulqualität und deren Evaluation

Österreichs Schulen stellen sich seit einigen Jahren auch nationalen externen Tests. **Rund fünf Prozent** der Schüler übertrafen 2012 die nationalen Bildungsstandards und erreichten die höchste Kompetenzstufe. **Mehr als die Hälfte**, nämlich 53 Prozent, erfüllten die Standards und schafften die zweite Kompetenzstufe. **Ein Viertel** der Schüler erreichte sie teilweise und kam auf Kompetenzstufe eins. **Aber fast ein Fünftel** verfehlte die Standards. Getestet **wurden** 80.000 Schüler der vierten Klassen AHS, Hauptschule und Neue Mittelschule.

Obwohl der Staat auch alternative Schulen aus dem Bildungsbudgets fördert, bleiben diese Schulen bei solchen Tests außen vor, weil derartige Überprüfungen nicht in deren Philosophie passen. Manche Leute sind daher der Meinung, dass private Alternativschulen bloß sozial kompetente, orthografisch aber unterbelichtete Leistungsskeptiker mit geringer Karriereerwartung hervorbringen und tun prominente Gegenbeispiele wie die Waldorfschülerin Sandra Bullock oder den Ex-Innenminister Otto Schily als die berühmten Ausnahmen von der Regel ab. Eine Montessori-Ausbildung kann für Kinder, die grundsätzlich ehrgeizig und wissbegierig sind, eine positive Alternative darstellen. Aber wer nicht lernen will, der lernt dort auch nichts. Abseits von Einzelfällen sind Antworten auf alternative Bildungsfragen weitgehend spekulativ. Fundierte Studien über die tatsächlichen Leistungen von Reformschülern sind Mangelware. Dennoch scheint alternative Pädagogik irgendwie „in" zu sein, weil sie den Schüler, das Kind in den Mittelpunkt stellt und das tut einfach gut.

Die Mehrheit der Bevölkerung kann sich private Schulen meist gar nicht leisten und will – völlig zu Recht – ein gutes öffentliches Schulsystem ohne Schulgeld, in dem der Staat die zu erreichenden Ziele verordnet und es den Schulen überlassen sein möge, diese Ziele mit ihren Methoden zu erreichen, wobei das wesentliche Kriterium aber die Vergleichbarkeit der Endergebnisse ist. Was in den Alternativschulen funktioniert – sei es der fächerübergreifende Projektunterricht, die verstärkte musische bzw. sportliche Betätigung oder das offene Lernen –, wird zunehmend ins staatliche System importiert und vieles von dem, was in der Regelschule mittlerweile Standard ist, stammt aus der Reformpädagogik.[39]

Die derzeitige österreichische Schullandschaft erlebt zahlreiche Veränderungen oder Forderungen wie **Übergang NEU Kindergarten/Volksschule -- akademisches Personal für Kindergärten -- vorschulische Frühförderung -- Sprachkompetenzüberprüfungen vor Schuleintritt -- Bildungsstandardüberprüfungen an den Schnittstellen -- kompetenzorientierte Leistungsbeurteilung -- Gesamtschule -- Neue Mittelschule und Gymnasium -- zentrale abschließende Prüfungen -- neues Lehrerdienstrecht und neue Lehrerausbildung -- Unterstützungspersonal -- ganztätige Schulformen -- modulare Oberstufe -- Autonomie der Schulen -- neue oder alternative Lernmethoden** und steht damit an einem Scheideweg.

Manches davon gibt es schon, zumindest in Ansätzen, manches ist noch umstritten, seine Umsetzung daher in Frage gestellt. Ziel aller Reformen muss die Verbesserung der Unterrichtsqualität sein. Probleme dürfen nicht ignoriert oder ideologisiert werden. Es gibt jetzt schon zahlreiche gute Schulen, wir brauchen aber mehr davon. Lassen wir doch den **Wettbewerb der Schulen** zu.

---

[39] Siehe Kapitel I.

Daher mein Plädoyer: **Alle Macht den Schulen**, damit sie ihrem Bildungsauftrag gerecht werden können bei gleichzeitiger externer nationaler Kontrolle der erreichten Leistungsstandards (Bildungsstandards und zentrale Abschlüsse) in einzelnen messbaren Bereichen, unter Berücksichtigung einer internationalen Vergleichbarkeit, wie sie durch **PISA**[40], **TIMMS**[41], **IGLU**[42], **PIRLS**[43] etc. trotz mancher, zum Teil auch berechtigten Kritik erfolgreich umgesetzt wird.

Derzeit scheint sich das **Ministerium für Bildung und Frauen** vor allem mit „sprachfeministischen" Reformbestrebungen zu beschäftigen. Bildungspolitik scheint für sie eine große ideologische Spielwiese mit Betonung auf dem mit dem Buchstaben „i" beginnenden Epitheton zu sein, auf der sie gerne möglichst ungestört mit Gleichgesinnten schlicht und einfach spielen will. Nachhaltige schulische Veränderungen, die zu messbaren Leistungssteigerungen bei Schülern und Lehrern führen könnten, stehen nicht auf der Agenda der zuständigen Ministerin.

Auch die Wirtschaft meldete sich mit einem Reformvorschlag zu Wort. Im November 2014 stellte die **Industriellenvereinigung Österreichs (IV)**[44] ihr mittelfristiges Bildungskonzept für Österreich vor: eine gemeinsame **Ganztagsschule** für alle zwischen 5 und 15 mit „mittlerer Reife" als Abschluss sowie Bildungs- statt Unterrichtspflicht. Dieses Konzept würde eine Zusammenlegung der gymnasialen Unterstufe, der Neuen Mittelschule und der

---

[40] Programme for International Student Assessment.
[41] Trends in International Mathematics and Science Study.
[42] Internationale Grundschul-Lese-Untersuchung.
[43] Progress in International Reading Literacy Study.
[44] „Industriellenvereinigung will gemeinsame Schule für alle Fünf- bis 14-Jährigen", in: Kurier.at, 18.11.2014.

noch zum Teil bestehenden Hauptschulen bedeuten, d.h. in der Praxis relativ große Schulen, ähnlich den **Comprehensive Schools** in Großbritannien. IV-Präsident Kapsch merkte dazu an, dass er keine Novellierung nach unten wolle, und fügte hinzu, wenn alle unter einem Dach lernten, müsse es Methodenvielfalt geben, auch Leistungsgruppen wären denkbar. Denkbar – das sagt einiges über den Sachverstand der IV zum Thema Bildung. Geht es nach der IV, soll jeder nach einer Akkreditierung eine Schule eröffnen können, was natürlich in der derzeitigen Situation den Anteil der Privatschulen erhöhen und damit eher zu weniger sozialer Chancengerechtigkeit führen würde. Gut gemeint, ohne konkrete Umsetzungspläne und ohne Berücksichtigung der damit verbundenen möglichen Konsequenzen, ist eben nicht gut.

Der Staat muss **gesetzlich festgelegte personelle und strukturelle Rahmenbedingungen** schaffen, die es allen Schulen theoretisch ermöglichen, bildungspolitisch **nachvollziehbare** Vorgaben (Bildungsziele, Kompetenzen, Inhalte) zu erfüllen. Schulen, auch Privatschulen mit Öffentlichkeitsrecht, stellen sich dieser Aufgabe mit ihren Unterrichtskonzepten und Modellen in einem fairen Wettbewerb. Bewertet werden neben internen Leistungen die Ergebnisse aller Schüler einer Schule bei nationalen oder internationalen externen Leistungsmessungen, bei Wettbewerben unter fairer Berücksichtigung regionaler und sozialer schulischer Rahmenbedingungen. Für eine Schule bzw. ein Bundesland, in der bzw. dem viele Schüler Migrationshintergrund aufweisen und deren Eltern häufig nur einen Pflichtschulabschluss und verhältnismäßig gering qualifizierte Jobs haben, wird ein geringeres Ergebnis erwartet als in einer Schule bzw. einem Bundesland, in der bzw. dem vor allem Kinder akademisch gebildeter Eltern oder Erziehungsberechtigter unterrichtet werden. Das Ziel dabei ist, jene Schulen zu identifizieren und besonders zu unterstützen, die trotz schwieriger Bedingungen gute Arbeit leisten. Entscheidend sind dabei nachhaltige, also über einen längeren Zeitraum erzielte Ergebnisse oder Lernzuwächse. Zu den nachvollziehbar messbaren Grundkompetenzen[45] zählen muttersprachliche Kompetenz, fremdsprachliche Kompetenz, mathematische Kompetenz, grundlegende naturwissenschaftlich-technische Kompetenz sowie Computerkompetenz. Diese Grundkompetenzen sollen möglichst viele Schüler im Rahmen der Pflichtschulbildung erwerben, weil sie unabdingbare Voraussetzungen sind, um höhere Kompetenz- oder Bildungsniveaus zu erreichen. Um der Auseinandersetzung mit anderen Kulturen in einer Zeit der Globalisierung gewachsen zu sein, muss der Österreicher, der Europäer auch die eigene Geschichte kennen. Welches Niveau in einzelnen Bereichen erreicht wird, hängt jedoch auch von zahlreichen nicht eindeutig messbaren Faktoren ab, wie z.B. Lernkompetenz, interkulturelle, soziale Kompetenz, Kulturbewusstsein und kulturelle Ausdrucksfähigkeit, Eigeninitiative und unternehmerische Kompetenz, Ausdauer, Belastbarkeit, Selbstbewusstsein. Diese Kompetenzen und Eigenschaften zu entwickeln ist daher eine entscheidende Aufgabe der Schulen. Schulautonomie mit entsprechenden Handlungskompetenzen bedeutet dann aber auch für alle handelnden Personen in den Schulen, Verantwortung für ihr Tun zu übernehmen.

Die Wirtschaft und gerade eine Dienstleistungsgesellschaft wie die unsere braucht nur bedingt Menschen, die **kochrezeptartig** Probleme lösen können. Bildung hat den Zweck, den Leuten Denkstrategien beizubringen, die sie in einer Vielzahl von Situationen anwenden können, sie soll ihnen Ehrgeiz und Wertschätzung für das Lesen, das Nachdenken und das Ausprobieren vermitteln, also Eigenschaften, die das Fundament jeder Forschung bilden.

---

[45] Siehe Erläuterungen zum Begriff Kompetenz in Kapitel IX.

Kap. X: Schulqualität und deren Evaluation

Wir müssen die Geisteswissenschaften in der Bildung stärken, denn in geistigen Dingen gibt es kein Veralten. Innovation kann nur gelingen, wenn sie zwischen dem zu Erneuernden und dem zu Bewahrenden unterscheiden kann.